至高のコーヒーの淹れ方

生で最高の一杯をあなたに

ハンドドリップ＆ブリュワーズカップ
チャンピオン

畠山大輝

X-Knowledge

はじめに

この本は、だれでも自宅でおいしいコーヒーを淹れられるコツを、できるだけ簡単に、わかりやすく紹介した本です。

はじめての人でも必ずおいしくなる「チャンピオンの基本レシピ」から、コーヒー豆のブレンドの極意や、おいしいコーヒーを淹れるために知っておいてほしい焙煎の基本的な知識まで、写真や図版を使いながら、一つ一つ丁寧に解説しています。

私にとっての「おいしいコーヒー」とは、

- **透明感のある燈褐色**
- **味と香りに曇りがない**
- **柔らかで心地よい質感**
- **芸術的なフレーバーのあとに甘い余韻が長く続く**

そんなコーヒーです。本書で紹介しているさまざまなノウハウは、これらを満たすメソッドとなっています。

とはいえ、「おいしいコーヒー」の基準は、人の嗜好によって大きく変わります。

また、淹れ方や選ぶ豆、使う器具など、いろいろな要素を組み合わせることで、いくらでも味わいを変えていけるのがコーヒーの面白さであり、淹れる楽しみでもあります。

そこで、自分なりに味を調整できるテクニックや、ペーパードリップやフレンチプレス、エアロプレスなど、人気の抽出器具を使ったオリジナルのコーヒーレシピも本書のために考案しました。

さらに、味覚や嗅覚を鍛えるためのトレーニング法や、コーヒーの味や香りを上手に表現する方法、コーヒーとスイーツとのペアリングなど、淹れ方だけでなく、味わい方、表現の仕方などのテクニックもできるだけ簡単にお伝えしています。

これらを知ることで、コーヒーの奥深さを知ることができるとともに、コーヒーから食への楽しみ方も広がっていくはずです。

もともと私がコーヒーを好きになったのは、両親の影響でした。勤めていた会社を辞め、ニート暮らしをしていたある日、近所にスペシャルティコーヒーのお店ができて、両親からそこで豆を買ってくるようにと頼まれたのが、いまにつながるコーヒーとの出会いです。

その後、コーヒーのおいしさに目覚め、コーヒーによって人生がまた輝きだしたといっても過言ではありません。

焙煎所でアルバイトをしながらコーヒーの知識を高め、2019年にはジャパンハンドドリップチャンピオンシップとジャパンブリュワーズカップという二つの大会で優勝。2021年、イタリア・ミラノで開催されたワールドブリュワーズカップに日本代表として出場して準優勝。

競技者が自分で用意した豆を使って自由にコーヒーを提供するオープンサービス部門では、世界最高得点を獲得することができました。

私がこうした競技会に出続け、コーヒーに没頭し続けているのは、自分がコーヒーによって幸せになれたから。だからこそ、「毎日飲むコーヒーが世界一おいしかったら、誰もが幸せになれる」と思っているからです。

本書で紹介しているいろいろなレシピやテクニック、道具などを試してみて、自分が本当においしいと思える「人生で最高の一杯」に出会ってください。

たった一杯のコーヒーですが、きっとあなたの人生を素敵に彩ってくれるはずです。

畠山大輝

PART 1 チャンピオンの基本レシピ

PART 2 さらにおいしい調整テクニック

PART 3

プロのテイスティング術

PART 4 深みにハマるブレンドの魔法

PART 5 焙煎を知れば、コーヒーはもっとおいしい

PART 6 抽出器具別おすすめレシピ

STAFF
デザイン　柴田ユウスケ／吉本穂花／楠藤桃香（soda design）
イラスト　松島由林
撮影　松本祥孝／畠山大輝
企画・構成　下津勇介（マッチボックス）
編集　別府美絹（エクスナレッジ）

PART 1

チャンピオンの基本レシピ

誰でもおいしくなる基本のレシピ

紙のフィルターを使うペーパードリップ

まずは、私が標準的に使っている「基本のレシピ」を紹介します。淹れ方は、紙のフィルターを使用するペーパードリップです。

このレシピは、どんな豆でもおいしくなる汎用性の高いものなので、とりあえず頭に入れておいていただければ、ご自宅で楽しむコーヒーの味わいがよくなるのはもちろん、これからこの本で解説していくさまざまな内容を、より理解しやすくなると思います。

このレシピでは、15グラムのコーヒー粉と230ccの水（お湯）を使って一人分、約200ccのコーヒーを淹れていきます。粉は中粗挽き、お湯の温度は85℃です。ドリッパーは「フラワードリッパー」という円すい型のドリッパーを使用しますが、もし、すでに手持ちのドリッパーがあれば、それを使っていただいても大丈夫です。

basic recipe

誰でもどんな豆でもおいしくなる基本のレシピ 一人分（約200cc）

材料

[コーヒー粉量] 15グラム（中粗挽き）
[お湯] 230cc（85℃）

道具

[dripper] フラワードリッパー（CAFEC）
[filter] アバカフィルター（CAFEC）

	時間	注湯量	累計の湯量
1投目（蒸らし）	0秒		
		+30cc	
2投目	30秒		30cc
		+90cc	
3投目	1分		120cc
		+40cc	
4投目	1分20秒		160cc
		+40cc	
5投目	1分40秒		200cc
		+30cc	
抽出完了	2分20秒		230cc

※抽出時間の目安は、使用するドリッパーやフィルターで差があります。

1 コーヒー豆は15グラム、水は230ccを使います。
粉と水の比率はおよそ1:15。

2 今回は手回し式のミル（グラインダー）を使って豆を挽きます。
挽き目は中粗挽き。

3 これが中粗挽きに挽いたところ。
グラニュー糖よりも少し大きめくらいの粗さが目安になります。

4 ケトル(やかん)で沸かした沸騰前のお湯をドリップポットに移します。温度計を見ながら85℃になるように調整しましょう。

5 ペーパーフィルターのミシン目を折ってドリッパーにセットします。ドリッパーの中でペーパーをきちんと安定させましょう。

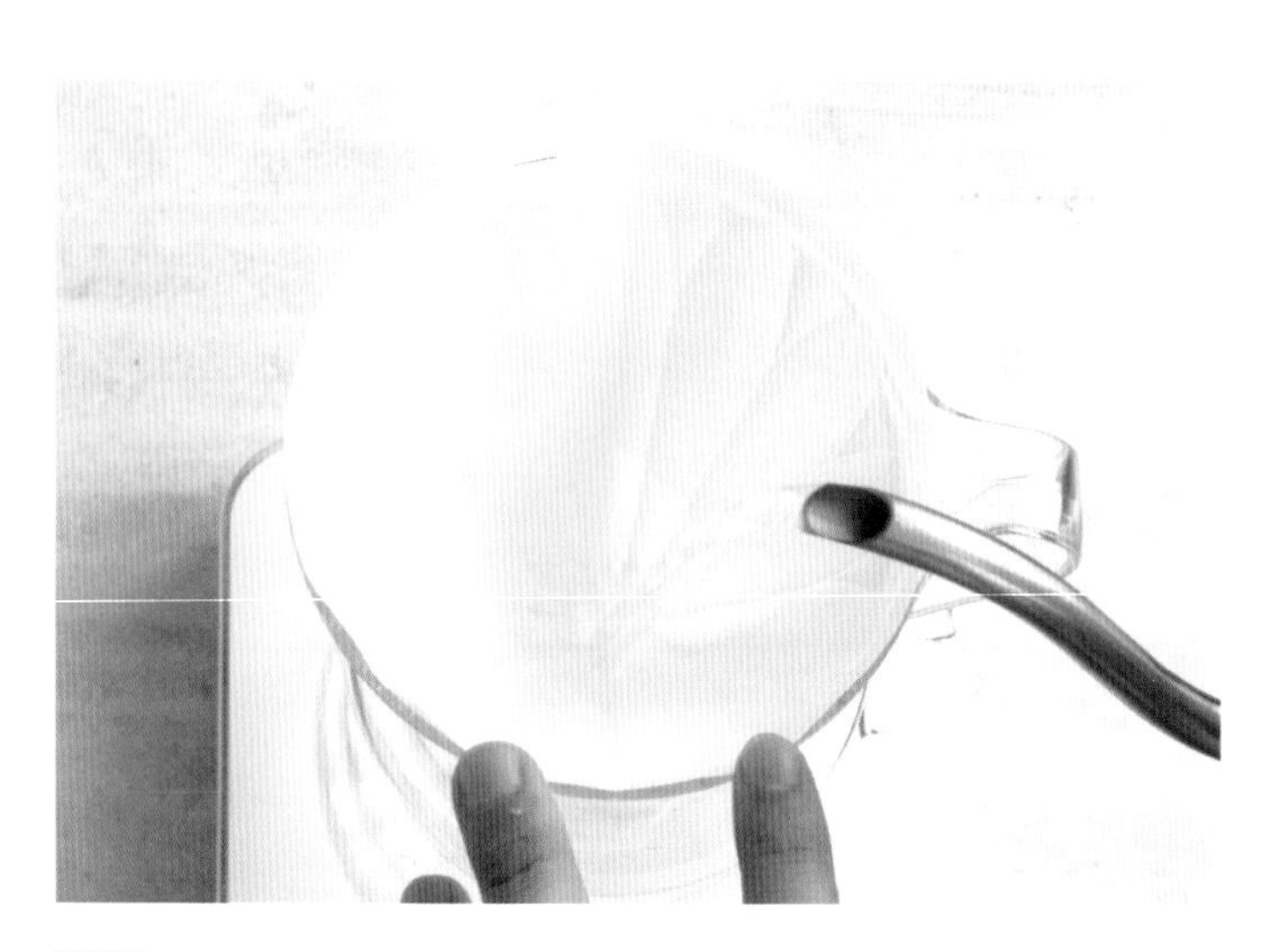

6 ドリッパーにセットしたペーパーフィルターにお湯を回し入れて紙の匂いを取ります。サーバーに落ちたお湯は忘れずに捨てましょう。

7 挽いた粉を投入します。このとき粉が山盛りの状態だと、蒸らしの段階でお湯が偏ってしまうので、粉を平らにします。

8 ドリッパーを軽く揺すったり、手のひらでやさしくトントンと横から叩いたりしたりして、粉を平らにします。

first shot

1投目　30cc／0秒～30秒

1

まず、蒸らしのお湯を30cc投入します。粉の中心から注ぎ始めて徐々に外側に広げ、再び粉の中心に円を描きながら戻ります。

2

蒸らしのお湯を注ぎ終えたら、粉がどんどん膨らんできます。そのまま30秒経過するまで待ちます。

second shot

2投目 90cc／30秒～1分

3

30秒から2投目の90ccを投入します。1投目の蒸らしと同様、始めは粉の中心から注ぎ、粉が膨らんできたら外側に円を広げていきます。

4

41秒
経過

外側まで回し入れたら、再び粉の中心に円を描きながら戻ります。90ccを注ぎ終えたら1分になるまで待ちます。

third shot

3投目　40cc／1分～1分20秒

1分から3投目の40ccを投入します。1投目、2投目と同様に中心から外側に向けて注ぐ円を大きくしていきます。

外側までできたら上の方に付着している粉をそぎ落とすように周りにもサッとお湯をかけます。あとは1分20秒まで待ちます。

fourth shot

4投目　40cc／1分20秒～1分40秒

7

1分20秒から4投目の40ccを投入します。中心から500円玉くらいの大きさで、やや太めの流量でお湯を注いでいきます。

8

1分24秒
経過

この4投目はフィルターの中の粉を上下に攪拌するような意識で注ぐのがコツです。注ぎ終えたら1分40秒まで待ちます。

fifth shot

5投目 30cc／1分40秒～2分20秒

1分40秒から5投目を投入します。4投目と同様、500円玉サイズの円を描きながらやや太めの流量で30ccを注いでいきます。

5投目を注ぎ終えたら、あとは液面が次第に下がっていくのを待ちます。

finish

抽出完了 2分20秒

11

2分20秒
経過

液面が下がり、粉の表面が見えるところまできたらドリッパーを引き上げます。ここはきっちり2分20秒でなくてもOKです。

12

これで基本のレシピでの抽出が完了しました。プロセス11で、最後の出がらしまで落としきる前にドリッパーを引き上げるのがポイントです。

ペーパードリップの基本メソッド

ドリップポットは特に重要なアイテム

先にペーパードリップの「基本のレシピ」を紹介しましたが、コーヒーを淹れるには、そのための器具や道具が必要です。ここではまず、それらのアイテムについて解説しましょう。

器具の中でも特に重要なのが、お湯を注ぐための**ドリップポット**です。ドリップポットは、お湯の注ぎ口の太さや形状によって、ドリッパーへのお湯の注ぎやすさが大きく変わってきます。

まず、**注ぎ口の太さ**ですが、当然、口が細い方がお湯を細く、ゆっくりと注ぐのに向いています。74ページ以降で詳しく説明しますが、コーヒーの粉面の狙ったところにお湯を落とすといったコントロールもしやすくなります。

ドリップポットの注ぎ口の太さや形状に注目

注ぎ口が細いタイプは、細いお湯をゆっくりと注ぐことができます。口先が下のほうに向いていると、粉面に対して垂直に近い角度でお湯を落とすことができます（写真はCAFECの「Tsubame Pro」）。

こちらは注ぎ口が途中で切れているタイプ。上のタイプに比べると、お湯が注ぎ口からやや放物線を描いて粉面に落ちていくイメージになります（写真はボナヴィータの「グースネック」）。

半面、口が細いと、お湯を太く注ぐことはできません。一方、太い口であれば、太く注げるのはもちろん、練習をすることで細く注ぐこともできるようになります。これからいろいろな抽出法をやってみたいという人は、練習覚悟で、やや太めの注ぎ口を持つドリップポットを選ぶというのもいいでしょう。

次に、**注ぎ口の形状**ですが、口が下のほうに向いているものと、上で切れたような形をしているものがあります（27ページ写真参照）。口が下のほうに向いているものは、真下に近い方向にお湯が落ちていくイメージ、上で切れた形のものは、口の先から放物線を描くようにお湯が落ちていくイメージです。この落ち方の違いによって、ドリッパーの中でコーヒーの粉が攪拌されるときの具合が変わってきます（74ページ以降を参照）。

持ったときに重く感じないポットを選ぶ

私がふだん使っているのは、ボナヴィータの「グースネック」というポットと、CAFEC（カフェック）の「Tsubame Pro（ツバメプロ）」というポットです（234ページを参照）。「グースネック」は、注ぎ口は細めですが、注ぎ口の形状は上で切れているタイプです。I

H機能付きの電気ケトルで、1ℓのお湯を沸かせます。90℃、88℃、85℃、83℃など、抽出する目的に応じて湯温を1℃単位で設定でき、そのままの湯温で保温も可能です。

一方、すごく細くゆっくりと、コーヒーの粉にお湯を載せていくようなイメージで抽出するときは、「Tsubame Pro」を使います。こちらは、超細口ともいえるタイプで、今まで私が使ったドリップポットの中で、これがいちばん細く抽出できるのではないかと思います。

もちろんこれら以外にも、ハリオ、メリタ、カリタといったおなじみのメーカーからも、使いやすいドリップポットが出ています。先述した注ぎ口の太さや形状などをチェックしつつ、まずは一つ、ドリップポットを手に入れてみてください。道具は、使っていくうちにだんだんその個性に慣れてきて、自分なりに使いこなせるようになるものです。

選び方で一つ付け加えるなら、**ポットの「重さ」**を確認すること。すごくかわいい見た目にも関わらず重たいポットも存在します。それだと、ハンドドリップしていてもその最中に手がくたびれてしまい、最後までコントロールするのが難しくなります。

選ぶ際は、できれば店頭で実物を持ってみること。それができなければ、せめてカタログで重量を確認して、自分が片手で無理なく持てる重さかどうかを検討しましょう。

ドリッパーの形や素材で味が変わる

次に必要なのが、ドリッパーとペーパーフィルターです。ドリッパーには、「基本のレシピ」で紹介した円すい型のほかに、台形型や円筒型など、いろいろな形のものがあります。使われる素材も、樹脂や陶器、ステンレス、ガラスなど多岐にわたります。こうした形や素材の違いがコーヒーの粉の撹拌やお湯の抜ける早さ、ドリッパー内の湯温などに影響を与え、それによってコーヒーの味わいが大きく変わってきます（96ページ参照）。

ペーパーフィルターは、ドリッパーの形やサイズに合ったものを選ぶ必要があります。お互いの形や角度、サイズがフィットしていないと、正確な抽出はできません。また、酸素漂白されているペーパーと無漂白のペーパーで紙の匂いに違いがあったり、紙の表面加工によって粉の目詰まり具合に違いが出たりする場合があります（103ページ参照）。

コーヒーサーバーもあったほうがいいアイテムです。ドリップしたコーヒーの量や色がわかりやすいガラス製や樹脂製の透明なタイプが定番です。透明感のある美しさでいえばガラス製、日々使ううえでの耐久性の高さで言えば樹脂製がおすすめです。

ペーパードリップのマストアイテム①

ペーパーフィルター

ドリッパーにセットするのがペーパーフィルター。円すい型や台形型など、使用するドリッパーの形状に合わせて選びましょう。

ドリッパー

コーヒーのドリップを行ううえで必ず必要なのがドリッパー。円すい型や台形型、円筒型など、いろいろなタイプがあります。

コーヒーサーバー

ドリッパーを通過したコーヒーの抽出液は、コーヒーサーバーに落ちます。ガラス製や樹脂製などいろいろな素材のものがあります。

ドリップポット

コーヒー粉にお湯を落とすためのポット。注ぎ口の太さや形状、重量バランスなどでお湯の量や注湯する位置をコントロールします。

きちんと淹れるならコーヒースケールは必須

コーヒースケールは、豆やお湯の量だけでなく、ドリップ中の経過時間（秒）も確認できるはかりです。差し当ってはキッチンスケールとキッチンタイマーなどでも代用できますが、いずれはコーヒー専用のスケールを手に入れることをおすすめします。専用品は高精度で反応速度が早く、より正確にコーヒーを抽出することができます。

コーヒー豆を挽くためのミル（グラインダー）は、手動式（手挽き）と電動式がありますが、それぞれピンからキリまで価格差が大きく、豆を砕く刃の作りなどの仕様がコーヒーの味を左右するので、しっかりと選ぶ必要があります（54ページ参照）。

メジャーカップは豆をすくうためのスプーンです。ドリッパーに樹脂製のタイプが付属しますが、こだわるのであれば、真ちゅうやステンレスのタイプを選ぶこともできます。

キッチン温度計は、お湯の温度を測るために使います。コーヒーを淹れるときのお湯の温度は味や香りに大きく影響を与えるので、正確に測れることはもちろん、お湯に差したときに温度が素早く表示されるもの、温度の目視がしやすいものを選びましょう。

ペーパードリップのマストアイテム②

ミル（グラインダー）

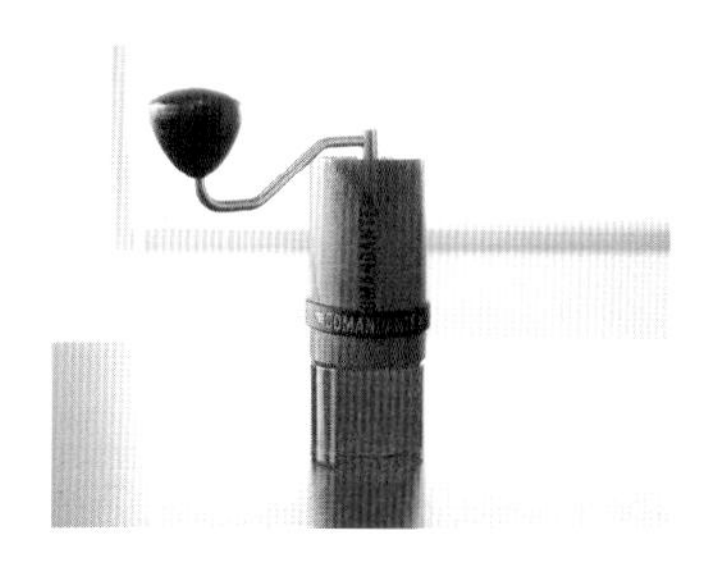

コーヒー豆を粉に挽くための道具です。写真のような手回し式（手挽きミル）のほかに、電動で挽くタイプもあります。

コーヒースケール

コーヒー抽出用に機能を特化させたはかりです。豆やお湯の量を細かく、正確に量れるほか、経過時間も素早く確認できます。

キッチン温度計

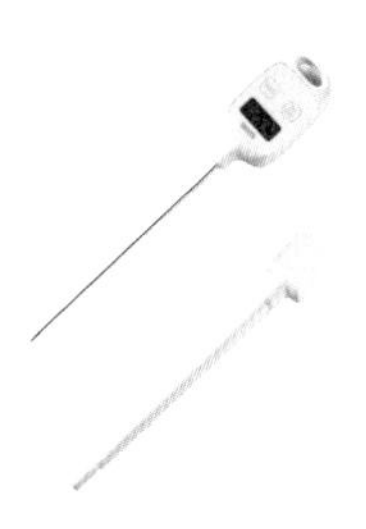

お湯の温度を測る温度計はドリップに必須の道具です。デジタルで表示されるタイプのほうが、温度を素早く確認できます。

メジャーカップ

豆をすくうためのカップ（スプーン）です。焙煎度合いによって変わりますが、一杯当たりのおおよその重さを把握しておくと便利です。

ペーパーフィルターはできれば2回、湯通しをする

ここからは淹れ方の基本を解説します。

ドリッパーにペーパーフィルターをセットしたら、コーヒー粉を入れる前にペーパーにお湯を回しかけます（18ページ参照）。これは**ペーパーの原料となるパルプや木材に由来する匂いを取るための作業。いわばペーパーの湯通しともいうべきプロセス**です。

この匂いは、人によって感じ方が違うので、特に気にならないという人は、この工程を省いてもらっても構いません。ただ、作業自体はそれほど大変なことではないので、「ちょっと匂いが気になるな」と感じる人は行ったほうがいいでしょう。私の場合は、一度お湯が落ちきった後にもう一度お湯をかける、合計2回の湯通しを行っています。

これを行うことで、**ドリッパーの中でペーパーフィルターが安定するほか、ドリッパーやサーバーを温めておける**というメリットもあります。

特にドリッパーは、あらかじめ温めておくことで、抽出する際のお湯の熱がドリッパーに奪われにくくなるので、意図した湯温で抽出することができます。

コーヒー粉は平らにならしてから蒸らす

ペーパードリップでは、1投目にコーヒー粉の蒸らしを行います。(20ページ参照)。蒸らしのお湯の量は、使うコーヒー粉の倍量が目安。私の「基本のレシピ」の場合、粉量が15グラムなので、その倍量の30ccのお湯を蒸らしに使います。

蒸らしのお湯をかけて30秒待つ間に、コーヒー粉の中にあるガスが抜け、2投目以降のお湯がコーヒー粉の一粒一粒にしっかりと浸透しやすくなります。

蒸らしで大事なのは、コーヒー粉にお湯をまんべんなくかけること。粉の一部が濡れて、一部が乾いているようでは、2投目以降の抽出にばらつきが出てしまいます。

さらに、蒸らしのお湯を投入する前に、コーヒー粉を平らにしておくことが大切です(19ページ参照)。ドリッパーを振ったり、側面をトントンと叩いたりして、表面をならしましょう。その際、強く振ったり叩いたりするのはNG。豆を挽いたときに出る「微粉」が粉の層の下に集まって、ペーパーの目を詰まらせる原因になります。あくまでやさしく、ふんわりとしたコーヒー粉のベッドを作ってやるイメージで行いましょう。

お湯は真ん中を多め、外側を少なめに注ぐ

私の「基本のレシピ」では、コーヒーの粉面にお湯を注ぐときは、真ん中を多めに、外側を少なめにします。

20ページから写真で順を追って説明していますが、最初に粉面の中心からお湯を注ぎはじめ、だんだん外側へと円を広げるように注ぎ、外側までいったらまた中心に向かって円を狭めていきます。1投目の蒸らしから3投目までは、基本的にこの動きを繰り返します。4投目以降は円の大きさを少し小さく、500円玉程度にします。

これは、コーヒーの粉の層が中心にいくほど厚く、外側にいくほど薄くなる円すい型のドリッパーを使用しているためです。台形型ドリッパーや円筒型ドリッパーなど、使うドリッパーの形状によっては必ずしも当てはまらない場合もあります。

そのほか、お湯を注ぐ回数や、注ぐときのお湯の太さ、粉面に対するお湯の角度などによっても、コーヒーの味や香りは変わってきます。そのあたりの調整方法については74ページ以降で詳しく解説していきます。

お湯を注ぐ回数と時間で味をコントロール

ドリップのお湯を、何回に分けて注ぐかも、コーヒーの味に影響を与えます。

例えば、私の「基本のレシピ」の場合、15グラムのコーヒー粉に対して、合計230ccのお湯を注ぎますが、蒸らしに30ccを注いだ後に、残りの200ccを1回で注いだ場合と、5回に分けて注いだ場合とでは、コーヒーの味や香りはかなり変わってきます。

これは、コーヒーの粉から溶け出す成分が時間の経過ごとに変わってくることと、お湯が注がれるたびに粉が撹拌されることで「抽出力」が上がることが原因です。

これに加えて、抽出を行うトータル時間も、味や香りの違いの決定的な要因になります。簡単に言えば、時間が短ければあっさりした味、時間が長ければ濃厚な味といったところですが、「おいしさ」という意味ではそう単純なものでもありません。

このあたりの話は、62ページ以降でじっくりと解説します。ちょっと複雑に感じるかもしれませんが、ここがコーヒーのおもしろさの核心とも言える部分なので、ぜひついていただければと思います。

サーバーの中でよく混ぜてアロマを楽しむ

抽出が終わったら、いよいよコーヒーを味わいましょう。

いきなりサーバーからカップに注いではいけません。ドリッパーからサーバーに落ちたコーヒーは、はじめのほうに抽出された濃度の高い液と、後から抽出された薄めの液が層になった状態で溜まっています。それらをしっかり攪拌して、濃度を均一にしてあげることで、ようやくおいしいコーヒーの状態になるのです。特に多めの分量を淹れたときには、しっかりと攪拌するようにしましょう。

やり方は簡単です。サーバーを持って水平にクルクル回した後に少し傾ければOK。ワインに空気を含ませるためにグラスを回転させますが、あれと同じ要領です。そのほか、スプーンなどを使って混ぜてやるのもいいでしょう。

もう一つ、カップに注ぐ前におすすめしたいのが、攪拌後にサーバーから立ち上るアロマを楽しむことです。口に含んだときのフレーバーとは異なる、繊細な芳香を鼻で感じてみてください。上手に淹れたコーヒーは、きっといいアロマを感じることができます。

サーバーの中で撹拌する

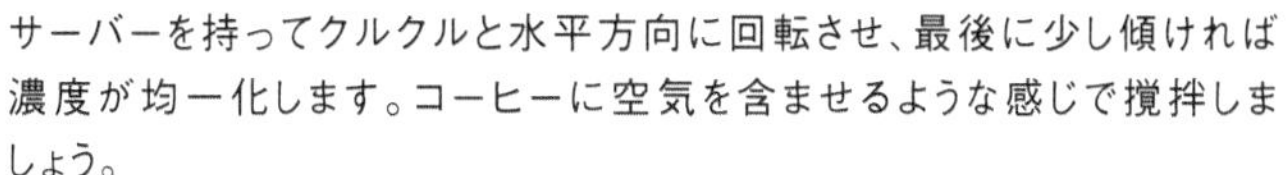

サーバーを持ってクルクルと水平方向に回転させ、最後に少し傾ければ濃度が均一化します。コーヒーに空気を含ませるような感じで撹拌しましょう。

サーバーから立ち上るアロマを楽しむ

カップにコーヒーを注ぐ前に、サーバーの口から立ち上る淹れたてのアロマを楽しみましょう。サーバーはカップに比べてより強くアロマを感じることができます。

コーヒーの味わいはカップでも変わります。私が愛用するのは京都・清水焼の「陶あん 花結晶 ふくりんマグカップ」。特に下唇が触れる部分の適度な反りと厚みが、コーヒーを口に含んだときのフィーリングを引き立たせます。ブリュワーズカップの世界大会でジャッジの方々にコーヒーを提供する際にも、このカップを使いました。

PART 2

さらにおいしい調整テクニック

おいしさの成分と
その境界線を見極める

成分の引き出し方で自分好みの味に仕上げる

パート1でも述べたとおり、「コーヒーの抽出」とは、豆の中にあるコーヒー成分をお湯の中に引き出すことです。粉状になったコーヒーの粒にお湯が触れることで、粉の中からコーヒーに含まれるさまざまな成分が溶け出します。

この成分にはいろいろな種類がありますが、私は、**ミネラル（塩味）、酸味、甘さ、タクタイル（質感）、苦味・雑味の5種類**に分けてとらえています。

これらの成分が複雑に混ざり合って口に含んだときの味わいを形成しますが、当然、どの成分が多いか少ないかによって味わいの方向性は変わってきます。ということは、いずれの成分をより多く引き出すか、あるいは引き出さないかをコントロールすることで、自分好みのコーヒーに仕上げることができることになります。

コーヒーの味わいは、いろいろな成分が混ざり合ってできている

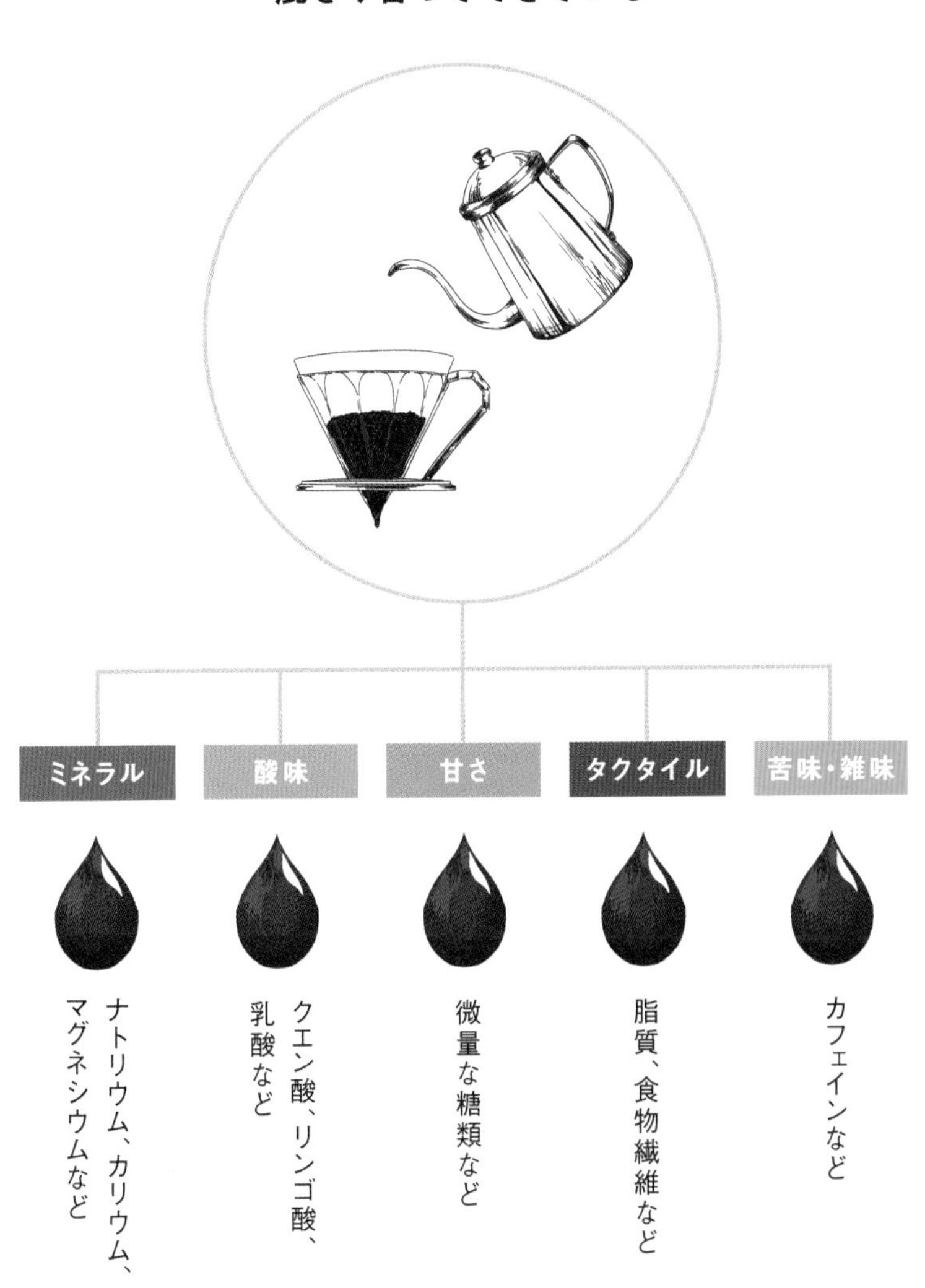

はじめは塩味、その次に酸味が出てくる

では、抽出される成分をコントロールするにはどうすればいいか。

左のページは、コーヒーの味を構成する各種の成分がお湯に溶け出す時間経過をグラフ化したものです。私のコーヒーの抽出メソッドは、基本的にこの考え方に基づいています。

このグラフでわかるように、抽出において最初により多く出てくるのは「ミネラル」です。これはナトリウムやカリウムなどの無機質な成分で、ひと言でいうなら「塩味（えんみ）」。口に含んだときに何となくしょっぱいように感じるものがミネラルで、これが抽出のいちばん初期に多く出てきます。

ミネラルの次に多く出てくるのは「酸味」です。クエン酸やリンゴ酸、乳酸など、酸っぱさを感じさせる成分です。

酸味の後に多く出てくるのは「甘さ」です。

ただし、焙煎された後のコーヒー豆には、糖の成分はそれほど多くは含まれていません。

では、なぜ甘さを感じるのか？　酸味の量が穏やかになった時点で味覚が甘さを感じる

時間経過ごとにお湯に溶け出す
成分の比率は変化していく

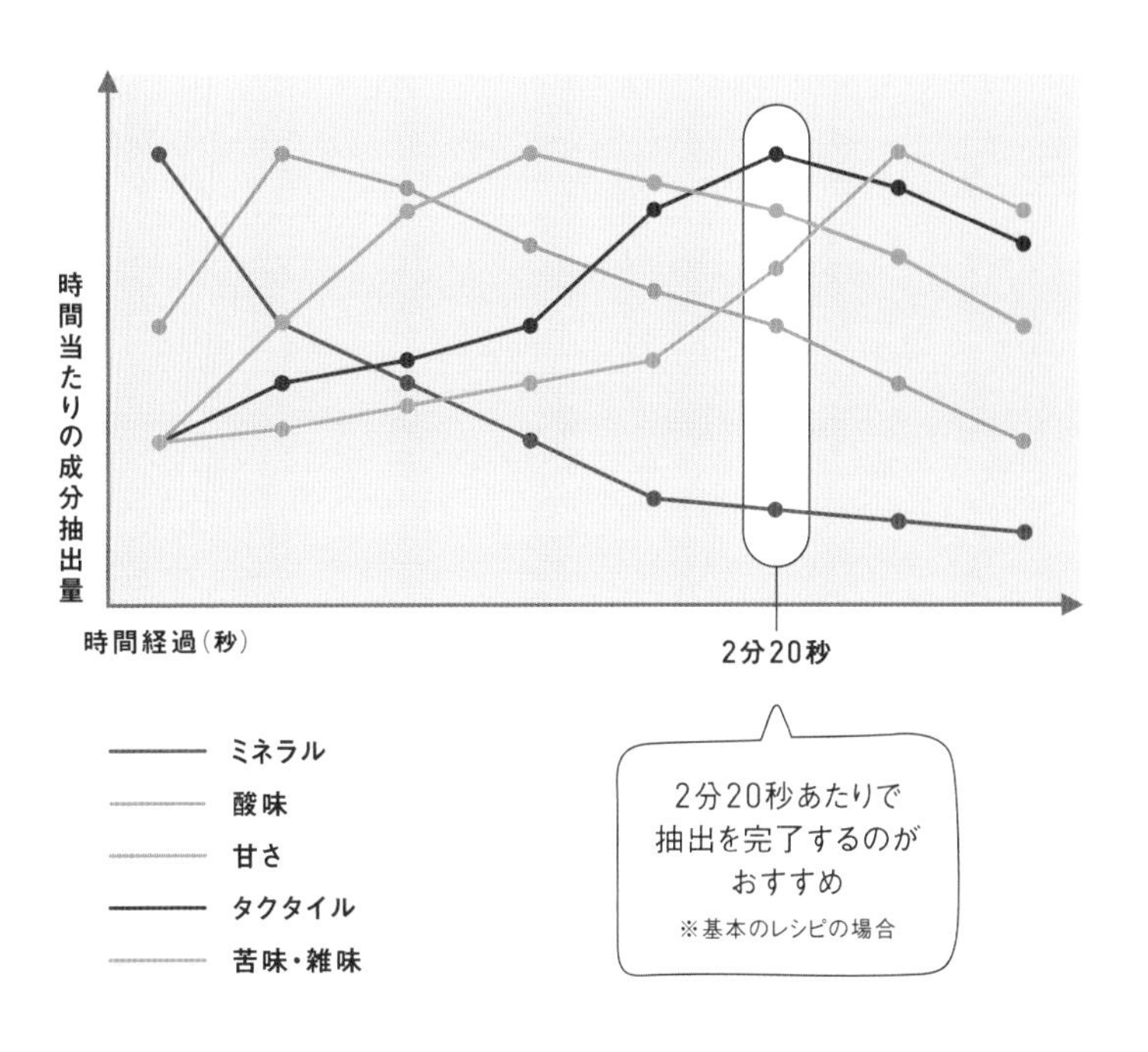

このグラフの横軸では、左から右に向かって時間が経過します。縦軸は抽出される成分の量を表します。時間の経過ごとに抽出される成分の量の変化を大まかに理解しましょう。

のか、糖以外の何かの成分によるものなのか、研究が進んでいるところです。ただ、抽出の初期から中盤にかけて甘さを体感できるのは、多くの人が認めるところです。

甘さの次に出てくるのは「タクタイル（質感）」です。これは「粘性」と言っていいかもしれません。脂質や食物繊維などのとろみを感じさせる成分です。

そして、最後に出てくるのが苦味、そして雑味です。

「苦味」はコーヒーの生豆に含まれるカフェインなどが元になっており、コーヒーの味わいを決定づけるものとして有名です。

一方「雑味」は、えぐみや渋み、青臭さなど、一般的には敬遠されがちな要素となるものです。「ネガティブ」という言い方で表現されることもよくあります。

いちばんおいしくなる理想のポイントがある

これらの成分は、時間をカチッカチッと区切って別々に溶け出してくるわけではなく、すべての成分が少しずつ混ざり合った状態で出てきます。その混ざり合う比率が、時間の経過とともに少しずつ変化していくというわけです。

だから、抽出を初期の段階で止めてしまうと酸味っぽいコーヒーになるし、中盤あたりで止めると、甘さはあるけど、ちょっと酸味もあるあっさりしたコーヒーになる。そこで、さらにちょっと先まで引っ張ってあげると、すごく甘さもあるし、しっかりと質感のあるトロッとしたコーヒーになるわけです。

ただし、そのポイントを過ぎると、苦みのほかに雑味も増えてきてしまいます。

雑味というものにはいろいろな意味があって、先述のえぐみや渋みのほかに「オフフレーバー」と呼ばれるものも出てきやすくなります。

オフフレーバーとは、コーヒー豆が本来持っているものですが、飲むときのコーヒーにはあまり出て欲しくない香りのこと。「出がらし」っぽい味わいと言えばわかりやすいかもしれません。

このオフフレーバーが抽出液の中に増えてくるにしたがって、例えば「オレンジ系のフレーバー」とか、「フローラルなフレーバー」といった、本来、その豆が持っている明確な個性が曇ってしまう。つまり、良質な部分が阻害されてしまうわけです。

では、そんなえぐみや渋み、オフフレーバーを、どこで断ち切るかということになりますが、コーヒーの抽出液は、いろいろな成分が混ざり合って出てくる以上、それらだけをゼロにすることはできません。

こうしたネガティブな成分をある程度許容しつつ、それら以外のおいしい成分を引き出していくとなると、45ページのグラフのタクタイルがピークに達するところ（「基本のレシピ」の2分20秒あたり）がその理想のポイントであると考えます。

このグラフに基づいて、時間経過ごとの味わいの推移を4段階で示したのが左ページのチャートです。

このチャートの3と4の間くらいで抽出を止めてあげれば、タクタイルや甘さ、酸味があってフルーティーなおいしいコーヒーが出来上がるというわけです。

もちろんこの理想のポイントは、目に見えるものでもなければ、特定の秒数が必ず決まっているものでもありません。以降のページで解説するコーヒー豆の挽き目や粉量、湯量、湯温などのさまざまな要素によっても変化します。

ただ、コーヒーの味わいをコントロールするうえで、いちばんベースになる考え方になるので、まずはこれを理解しておいていただければと思います。

時間経過によって抽出される成分は変わってくる

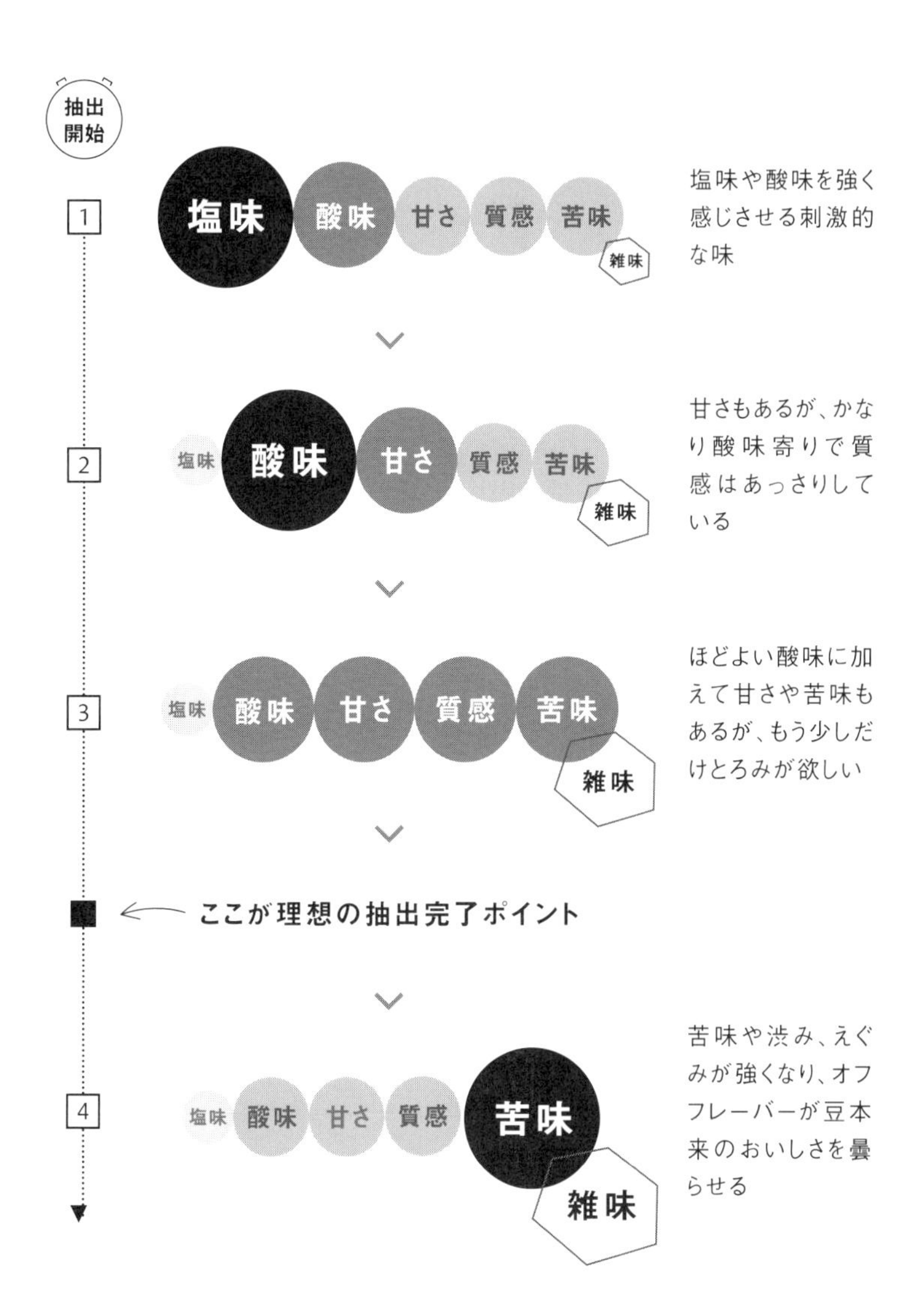

コーヒーの風味は「豆の挽き目」で決まる

コーヒー豆は粉にすると劣化が早まる

コーヒーを淹れるとき、豆の状態ではなく、粉の状態にするのはなぜでしょう。

コーヒー豆の中にはハニカム（蜂の巣状）構造の部屋が無数にあり、その一つ一つにコーヒーの成分が収まっています。コーヒーを淹れるとき、コーヒー豆を挽いて（粉砕して）粉にしてからお湯を注ぐのは、無数に連なるハニカム構造の部屋の壁を破壊することで、中にあるコーヒーの成分とお湯とを触れ合いやすくするためです。

これは見方を変えれば、**コーヒー豆は挽いたときから急速に劣化が進行する**ということでもあります。この劣化には二つの面があって、一つは**酸化**、もう一つはコーヒー豆に含まれる**ガスとともに香りの成分も抜けてしまう**ことを指しています。

こう聞くと、「豆の状態でも酸化やガス抜けは起こるのではないか？」と思われるかもし

コーヒー豆の中はハニカム構造

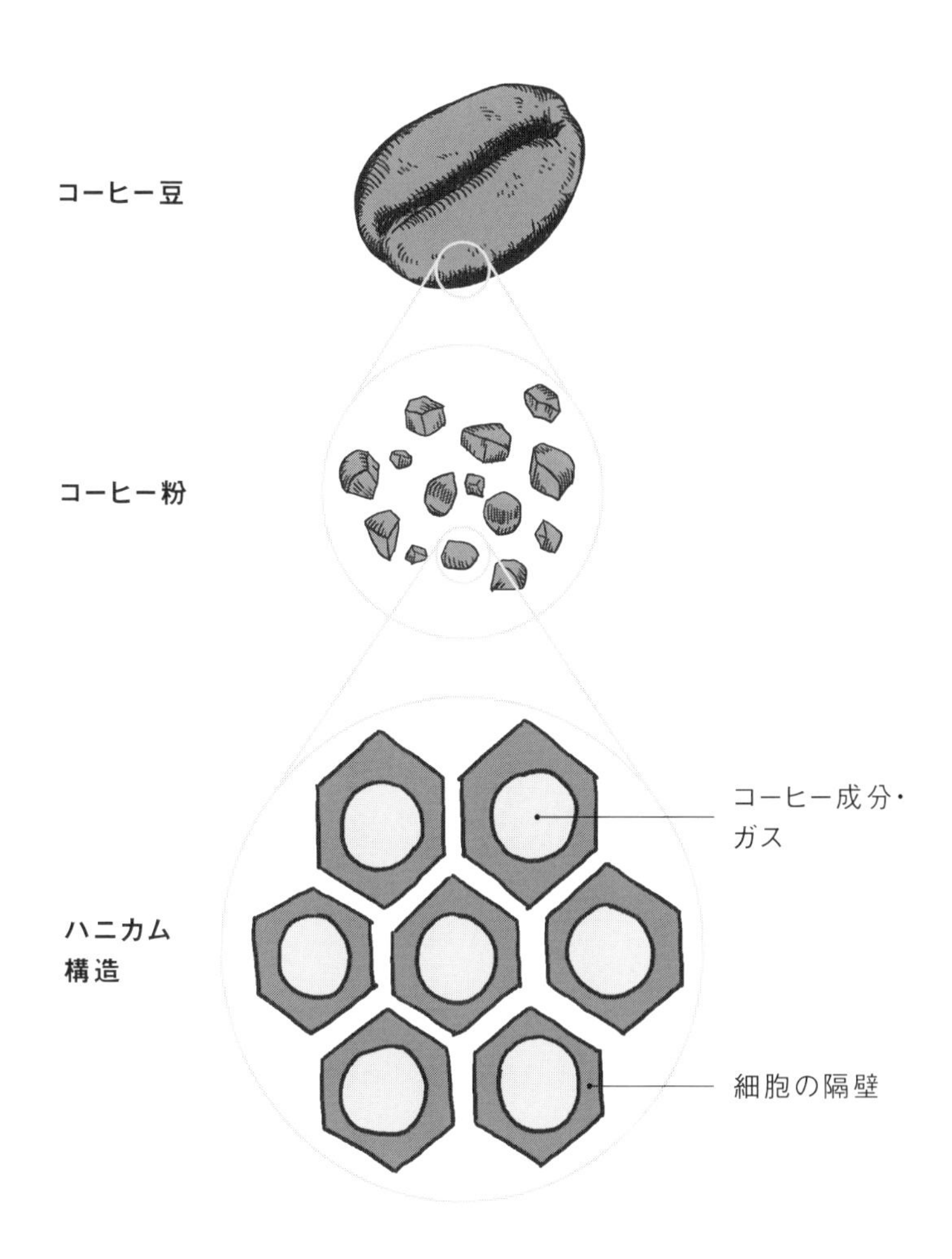

コーヒー豆は無数のハニカム構造の細胞でできています。豆を粉砕することで、細胞の中身が外部に露出し、コーヒーの成分とお湯とが触れ合いやすくなります。

れません。それも確かにありますが、実は、コーヒー豆は粉の状態に粉砕されると、その表面積は豆の状態と比較して1000倍近くにまで広がるとも言われています。つまり、それだけ広い面積に対して酸化（風味の劣化）とガス抜け（香り抜け）が起こってしまうわけです。

買ってきてすぐはいい香りがして、淹れるとおいしかったコーヒーの粉が、1週間、2週間と日にちが経つにつれてどんどん香りがなくなり、おいしくなくなってくる理由はここにあります。お店でコーヒー豆を買うときに、「豆のままか、粉に挽くか」と聞かれることがあると思いますが、酸化や香り抜けが起こりにくいという意味でいえば、豆のままで買ったほうがベターといえるでしょう。ただし、お店で挽いてもらって、粉の状態で買ったほうがいい場合もあります。それについては60ページで解説します。

細挽きは濃く、粗挽きは薄くなる

次に、コーヒー豆の「挽き目」について。挽き目とは、コーヒー豆を粉砕するときの粒の大きさ（粒度）のことで、「メッシュ」という言い方をすることもあります。

挽き目には大きく6段階があって、**粒が大きい順に「粗挽き」「中粗挽き」「中挽き」「中細挽き」「細挽き」「極細挽き」**というふうに分けられますが、実際にはミル（グラインダー）の設定によって、もっと細かく調整することも可能です。

この挽き目によって何が変わるかというと、**コーヒーの濃度（コーヒーの成分が引き出される量）**が変わってきます。

コーヒー豆の内部はハニカム構造が連続した部屋になっているという話をしましたが、この部屋は、挽き目（粒度）が細かければ細かいほどたくさん破壊されることになり、内部にあるコーヒーの成分がお湯に溶け出しやすくなります。

つまり、**細挽きのほうが成分が溶け出しやすいぶんコーヒーの濃度は高くなり、粗挽きのほうが成分が溶け出しにくいぶんコーヒーの濃度が薄くなる**わけです。

言うまでもなく、コーヒーの味は濃度によって大きく左右されます。

同じ条件で抽出している場合、濃度が高いということは、それだけいろいろな成分が溶け出しているので、コクやボディを感じる一方で、雑味などのネガティブな要素が出ている可能性も高くなります。

逆に濃度が低ければ、ネガティブな要素が含まれる可能性は低くなりますが、成分があまり出ていない状態なので、味や香りに物足りなさを感じてしまうかもしれません。

だから、**成分が出過ぎ（過抽出）ても、出なさ過ぎ（未抽出）てもだめで、ということは、挽き目が細かすぎたり、粗すぎたりするのもだめ**だということになります。

パート1で紹介した**「基本のレシピ」の挽き目は「中粗挽き」**を採用しています。中粗挽きは、抽出のコントロールがしやすい挽き目です。

ただし、中粗挽きの基準は、人によって、あるいは使うミルによっても異なります。私が考える中粗挽きは、**グラニュー糖よりも少し粒が大きい程度**です。この挽き目を基準に、ミルの設定を少し粗めだったり、少し細かめだったりという具合に、粒度を調整してみるのがおすすめです。

はじめは安価な手挽きミルでＯＫ

次は、ミル（グラインダー）の選び方についてです。
ミルには**手挽きタイプ**と**電動タイプ**があります。より値段が安いのは手挽きのほうで、2000円台程度から選べます。安価でもそれなりに挽くことができるので、「いつもはコ

コーヒー粉の分量が同じでも挽き目によって濃度が変わる

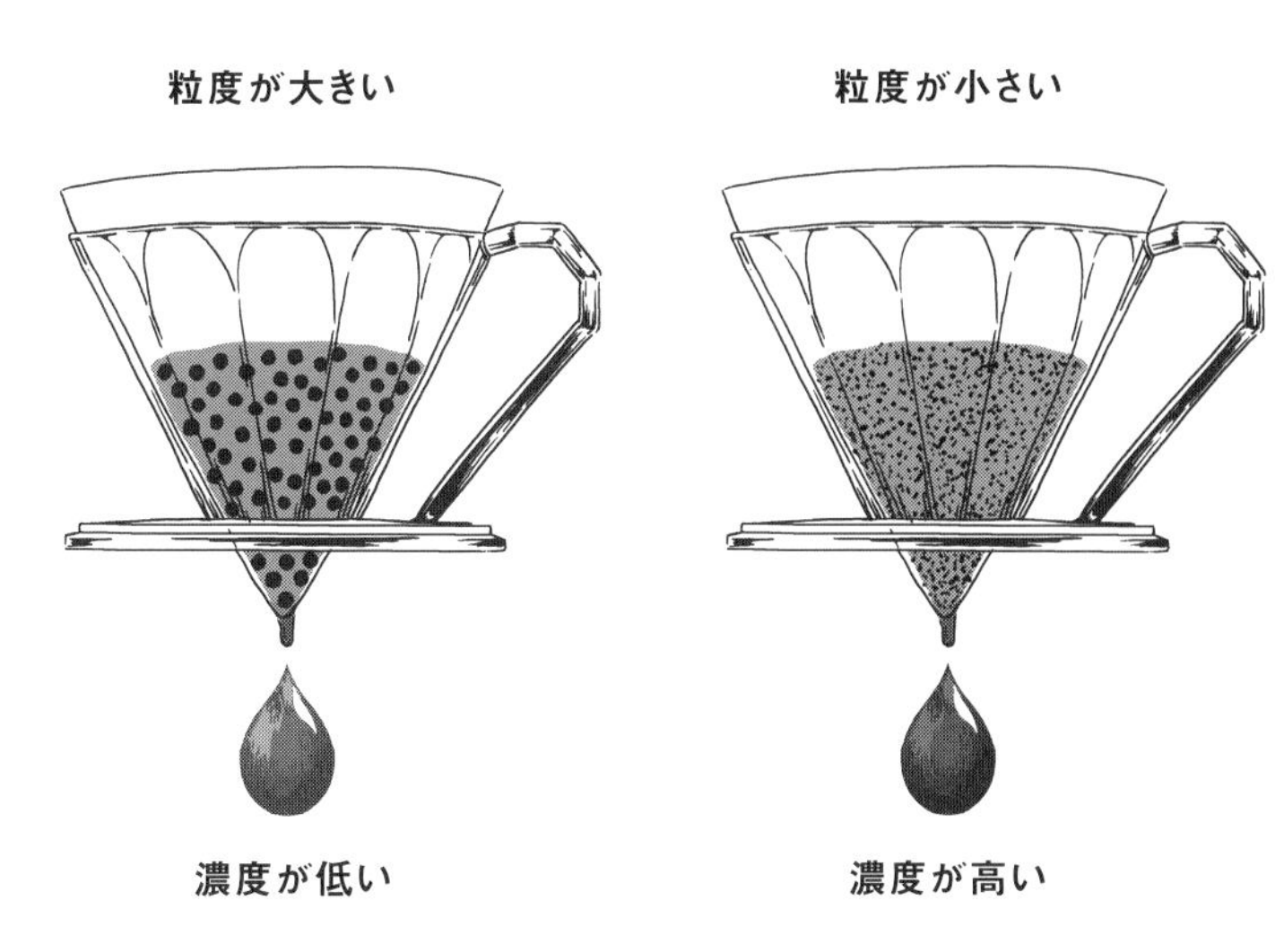

粉の挽き目が細かいほどお湯に溶け出す成分が多くなり、濃度が上がります。逆に、挽き目が粗いとあっさりしたコーヒーになります。

業務用のグラインダーで挽いた中粗挽きのコーヒー粉。指でつまむとわかりますが、グラニュー糖よりも少し大きめのサイズです。

ーヒーを粉で買っているけれど、一度、挽きたての味を実感してみたい」という人は、**まずは安い手挽きミルを買う**のをおすすめします。

もちろん、手挽きミルは安いものばかりではなく、高価なモデルも存在します。値段の違いは、豆を挽いたときの粒度（粒の大きさ）の均一性です。どんなミルでも、豆を挽いたときの粒の大きさにはばらつきが生じます。このばらつきが多すぎると、自分が望む味や香りを実現するのは難しくなるため、できるだけ均一であることが求められます。高価なミルは、刃の作りや機構の精密さによって粒度のばらつきを少なくすることができます。

それに加えて高価なミルには、微粉の出る量が少ないというメリットがあります。微粉というのは、豆を挽くときに発生する非常に細かい粉のことを指しますが（106ページ参照）、この微粉は少ないほうがコーヒーの抽出がしやすくなります。

安価なプロペラ式は使い方を工夫しよう

手挽きミルを買った人が、次に欲しくなるのが**電動グラインダー**です。

手挽きミルでいちばん不満を持たれるのが、「挽くのが大変」というところです。例えば、

ミル(グラインダー)の刃の種類

プロペラ式

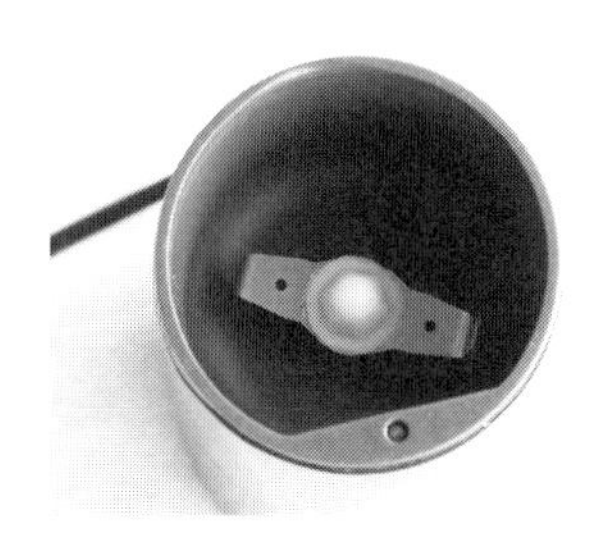

数千円台の安価な電動グラインダーはプロペラ式のブレードで豆を粉砕します。粒度は回転させる秒数の長短で決まります。

コニカル式

手挽き式のミルや一部の電動グラインダーに採用される円すい型の刃です。刃の素材は金属製のほかにセラミック製もあります。

フラットディスク式(カット刃)

多くの電動グラインダーで採用されているディスク状の刃です。2枚のディスクを臼状に向かい合わせにセットして、その間を通過する豆を切り刻みます。

フラットディスク式(グラインド刃)

こちらは左のフラットディスク式(カット刃)と構造的には同じですが、ディスクの表面が突起状の刃になっています。この突起によって豆を挟み砕きます。

3人家族でコーヒーを飲む場合、そのたびに30～40グラムの豆を手回しでゴリゴリ挽くのは、いくら「挽き立てがおいしい」といっても、けっこう大変な作業です。その点、電動グラインダーであれば、まとまった量の豆を短時間で力を使わず挽くことができます。

電動グラインダーで最も安価なのはプロペラ式の刃が付いているタイプ。料理で使うキッチンミルとほぼ同じタイプで、5000円くらいから手に入ります。

ただし、このタイプは挽く前に粒度の設定ができないので、挽く（プロペラ刃を回転させる）時間の長さで調整するしかありません。粒度は時間が短いほど大きく、長いほど細かくなります。また、プロペラ刃への豆の当たり具合にばらつきが出るため、粒度の均一性も取れません。

つまり、挽くたびに粒度が変わりやすく、均一性も取りにくいため、毎回同じ条件でコーヒーを淹れるのが難しくなるのです。

ただ、すでにプロペラ式のグラインダーを持っているという人も多いでしょう。その場合は、以下の二つの点を実践してください。

一つは、挽いている最中に、本体を軽く上下に振ることで、豆をできるだけムラなくプロペラ刃に当ててやること。もう一つは、目的の粒度になるまでの秒数をきちんと把握することです。挽く時間が毎回違うようでは、同じ挽き目を得ることはできません。

この二つができれば、プロペラ式でもかなりのレベルアップが図れると思います。

予算があるなら「みるっこ」がおすすめ

電動グラインダーでおすすめできるのは、コニカル式やフラットディスク式の刃を採用するモデルです。こちらは挽く前に粒度を設定することができ、プロペラ式のグラインダーに比べはるかに粒度の均一性を取ることができます。

電動グラインダーも手挽きミルと同様、刃や機構の仕様で非常に大きな価格差や性能差があります。私が使ったことがある範囲で言えば、1万円台の価格帯だと、デバスタイルやデロンギのモデルがおすすめです。安価な割に性能がよくて、挽く速度もそれなりに早いので、初めて買う電動グラインダーにはいいのではないかと思います。

2万円台から4万円までの価格帯だと、カリタの「ナイスカットG」や、ウィルファの「スヴァート アロマ」がおすすめです。このあたりになると粒度も揃いやすく、微粉も少なくなってきます。これらを使っている喫茶店やカフェなども見かけます。

5万円台になると、フジローヤルの「みるっこ」が断然おすすめです（230ページ参照）。ハンドドリップからサイフォン、エスプレッソまで幅広い抽出方法に対応でき、その実力は「競技会レベル」と言っていいくらいしっかりしています。実際、私が優勝した2019年のハンドドリップチャンピオンシップやブリュワーズカップでも、この「みるっこ」を使用していました。

お店で挽いてもらうのも一つの選択肢

自分でコーヒー豆を挽くための解説をしてきましたが、実は、お店で挽いてもらうというのも、一つの有効な選択肢です。コーヒー豆のお店には業務用のグラインダーが置いてありますが、それこそ何十万円もする代物で、家庭用と比べても性能は段違いです。

「挽き立ての豆のほうがいい」と言っておきながら逆のことを言うようですが、廉価なグラインダーを使って自分で挽くよりも、業務用のグラインダーを使って、お店のおすすめの挽き目で挽いてもらった粉のほうが、よほどおいしく淹れられるというのも事実です。

ただし、粉に挽いてもらったら、できるだけ早めに飲みきるようにしましょう。1週間以内に飲み切る量の粉を、こまめにお店に通って買うのが理想的と言えるかもしれません。もし、買った粉が短期間で飲み切れなかった場合は、冷凍庫で保管するのがおすすめです（174ページ参照）。

私が自分のお店で使っているグラインダーは、マールクーニックのEK43。挽いた粉の粒度の分布に定評があります。

「比率」「温度」「時間」をコントロール

コーヒースケールで分量と時間を計測

コーヒーを正確に抽出するには、粉量と湯量、そして時間を正確に測る必要があります。そのために持っていたほうがいいのがコーヒースケールです。

コーヒースケールは、**キッチン用のはかりにストップウォッチ機能が付いたもの**と考えればいいでしょう。だから、キッチンのはかり（0・1グラム単位対応）を使って豆を量り、横にスマホを置いて、ストップウォッチのアプリで時間を確認するのでもいいと思います。

コーヒースケールで抽出を行うときは、はかり台の上に粉の入ったドリッパーやサーバーを載せて、重さをゼロにセットします。そこにお湯を注いでいくと、その分の重さが表示されていくという仕組みです。重さの横には経過時間が分数と秒数で表示されるので、注いだお湯の量と時間経過を確認しつつ、抽出をコントロールするわけです。

コーヒースケールは高精度で反応も早い

私が使うのはAcaiaのPearlというコーヒースケールです(236ページ参照)。湯量の変化に素早く反応して0.1グラム単位で表示します。

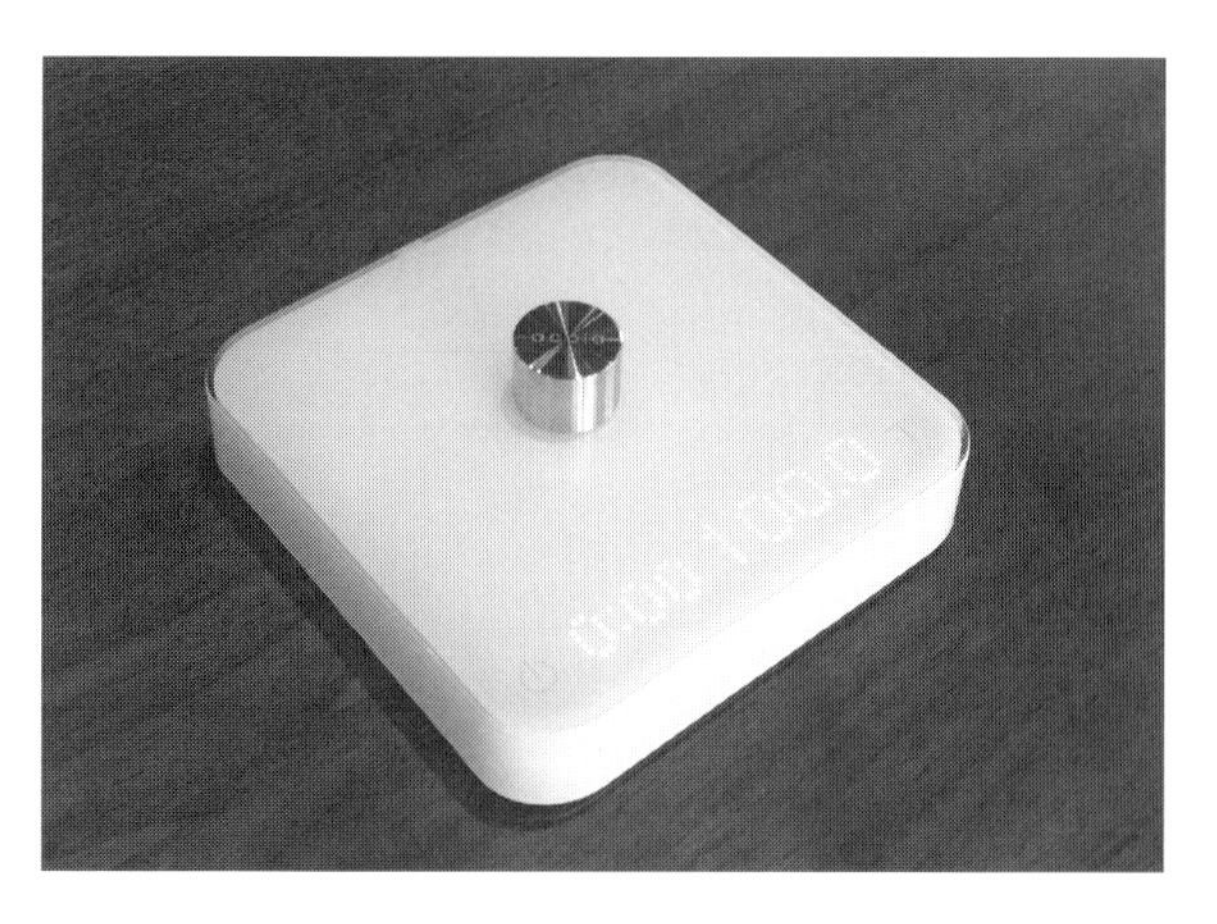

100グラムの分銅(別売)を使ってスケールのキャリブレーションができるので、使う場所ごとに発生する計測結果のズレを修正できます。

1グラムの豆に対して使うお湯の量は？

コーヒーを淹れる際に使うコーヒー粉とお湯の比率のことを「ブリューレシオ」と言います。1グラムの粉に対して何グラム（cc）のお湯を使うかということで、この比率が低ければ低いほど濃度は上がり、高ければ高いほど濃度は低くなります。

私の「基本のレシピ」では、コーヒー粉1グラムに対して、約15グラム（cc）のお湯を使うので、ブリューレシオはおよそ1：15になります。

巷のカフェやコーヒー店などで出しているコーヒーも、だいたい1：14から1：17あたりのブリューレシオを使っている場合が多いのではないでしょうか。

もちろん、抽出の仕方や抽出時間、挽き目や湯温などによって、コーヒーの濃さや味わいはコントロールできるので、例えば1：12などのブリューレシオを使っていてもおいしいコーヒーを出すお店もあります。

ただ、一般家庭でコーヒーを楽しむという意味では、先ほどの1：14から1：17あたりのブリューレシオで収めるのが、おいしく淹れるための目安になると思います。

豆（粉）と水（お湯）の抽出比率（ブリューレシオ）

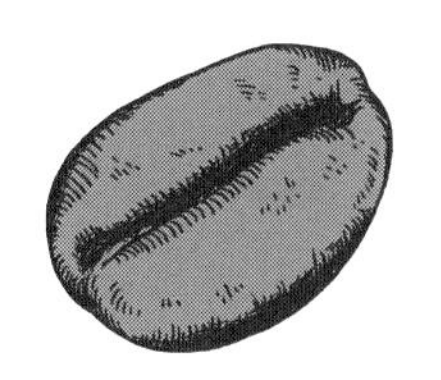

：

豆と水の比率が1:15の場合

豆	水
15g	225cc
20g	300cc
25g	375cc

豆と水の比率が1:16の場合

豆	水
15g	240cc
20g	320cc
25g	400cc

ブリューレシオを決めておくと、抽出のコントロールがしやすくなります。また、比率を変えることで、濃度や味のコントロールをすることもできます。

浅煎りの豆に使う湯温は85℃

抽出に使うお湯の温度（湯温）は、豆の焙煎度合い（180ページ参照）によって変わります。ここでは浅煎り、中煎り、深煎りのそれぞれに最適な湯温を解説しましょう。

まず、**浅煎りの豆を淹れるときのおすすめの湯温は85℃**です。

多くのお店では、浅煎りの湯温は90℃前後、もしくは92℃、93℃あたりで抽出しているかと思いますが、私はそれより低めの85℃をおすすめしています。理由は、高温で淹れると渋みが出やすいことと、浅煎りなのに、ちょっと苦い印象になりがちだからです。

仕事上、いろいろなお店の焙煎豆を買ってきて飲むのですが、高めの湯温で淹れたときは、渋みが気になったり、苦味をきつく感じたり、飲み終わった後に少しジトッとしたものが口に残ったりすることがよくあります。

そのため、幅広い豆をおいしく飲むためには、少し湯温を下げてやるほうが効果的で、検証を重ねた結果85℃という湯温に落ち着きました。

お店で教えてもらった湯温で淹れてみたけれど、どうも渋みや苦味が気になるという人は、85℃を試してみてください。

ただし、浅煎りの豆でも、92℃ぐらいまで湯温を上げる場合があります。

それは、一度飲んでみて、渋みやきつい苦味を感じない豆の場合です。そんなものすごく焙煎が浅いけれど、適正に焙煎されている豆に出会ったときは、どんどん湯温を上げていって、フレーバーをしっかりと引き立たせてあげるほうがおいしくなります。

中煎りの豆に使う湯温は83℃から88℃

中煎りの豆を淹れるときのおすすめの湯温は83℃から88℃です。

ただ、中煎りは幅が広く、お店によって深めの中煎りや浅めの中煎りなどの違いがあるので、まずは85℃で淹れてみることが多くなります。

中煎りの豆を淹れるコツは、「苦味」と「渋み」の2軸に分けて考えることです。

まず、苦味が出過ぎている場合は、85℃から少し湯温を下げて83℃にする。逆に、もう少し苦味のある味わいが出て欲しいときは、少し湯温を上げて88℃にすると、ちょうどいい味わいになると思います。

次に渋みですが、コーヒーにとって渋みは大敵です。中には「渋みが好き」という人もいますが、コーヒーの適正な抽出という意味では、渋みはないほうがいいというのが一般的です。渋みが出すぎている場合は、少し湯温を下げて調整します。

これは浅煎りも中煎りも深煎りも共通ですが、ネガティブや雑味といわれるものが出やすい豆は、少し湯温を下げるというアプローチで解消することが多くあります。

とはいえ、湯温が低い分、程良いロースト感やフルーティーなフレーバーといった、豆のいい成分が出にくくなってしまうのも事実です。

湯温を下げて渋みは抑えたけれど、同時においしい成分も感じられなくなってしまったという場合は、挽き目を少し細かくしてみたり（52ページ参照）、抽出時間を少し長くしてみたり（70ページ参照）など、湯温とは別の要素を加えた調整が必要になります。

深煎りの豆に使う湯温は78℃から83℃

深煎りの豆を淹れるときのおすすめの湯温は78℃から83℃です。

けっこう低くて、驚く人も多いかもしれませんが、理由は二つあります。

一つは、高い湯温で淹れると、深煎りの豆なのにも関わらず酸味が出やすくなります。深煎りの場合、酸味は少し抑えてあげるほうが、相対的に甘さを強く感じやすくなります。結果として、深煎りが本来持っている甘みのあるおいしさが引き出しやすくなるわけです。

もう一つは、ビターさ。深煎りの豆は、豆自体が苦くなっているので、高い湯温で淹れると、苦味というよりは焦げたような味わいが強く出てしまいます。それを避けるためにも低い湯温で淹れることをおすすめします。

ただし、焦げたようなコーヒーの味が好きという人も、もちろんいます。その場合は、90℃以上の高温を使えば、ビターさはより際立ちます。ガツンとしたビターさのあるアイスコーヒーを飲みたいときなどは、高めの湯温に調整してあげるといいでしょう。

挽き目や湯温はそのままで「時間」を変えてみる

コーヒー豆は、同じ銘柄を買っても、それが常に同じ味がするとは限りません。

いつものお店でいつもの豆を買ってきて、いつもと同じ挽き目や湯温で淹れたとき、フレーバーは同じだけど、何かいつもとは違う雑味を感じるなどということは起こります。

それは焙煎に原因があるのかもしれないし、豆の管理に問題があったのかもしれない。いずれにしても、いつもと違う味がするということは起こりうるのです。

そんなとき、雑味を抑えるにはどうすればいいか。

単純に言えば、挽き目を少し粗めにしたり、湯温を下げたりすれば、雑味自体は少なくなります。ただし、そうするといつもよりやや軽くて、複雑性に欠けたコーヒーになってしまう可能性も出てきます。

では、挽き目も湯温も変えることなく、いつもと同じ質感やフレーバーを出しながら雑味だけを抑えるにはどうすればいいか。

答えは「時間」です。45ページのグラフを見ればわかりますが、コーヒー成分の抽出は時

抽出時間をコントロールして雑味を抑える

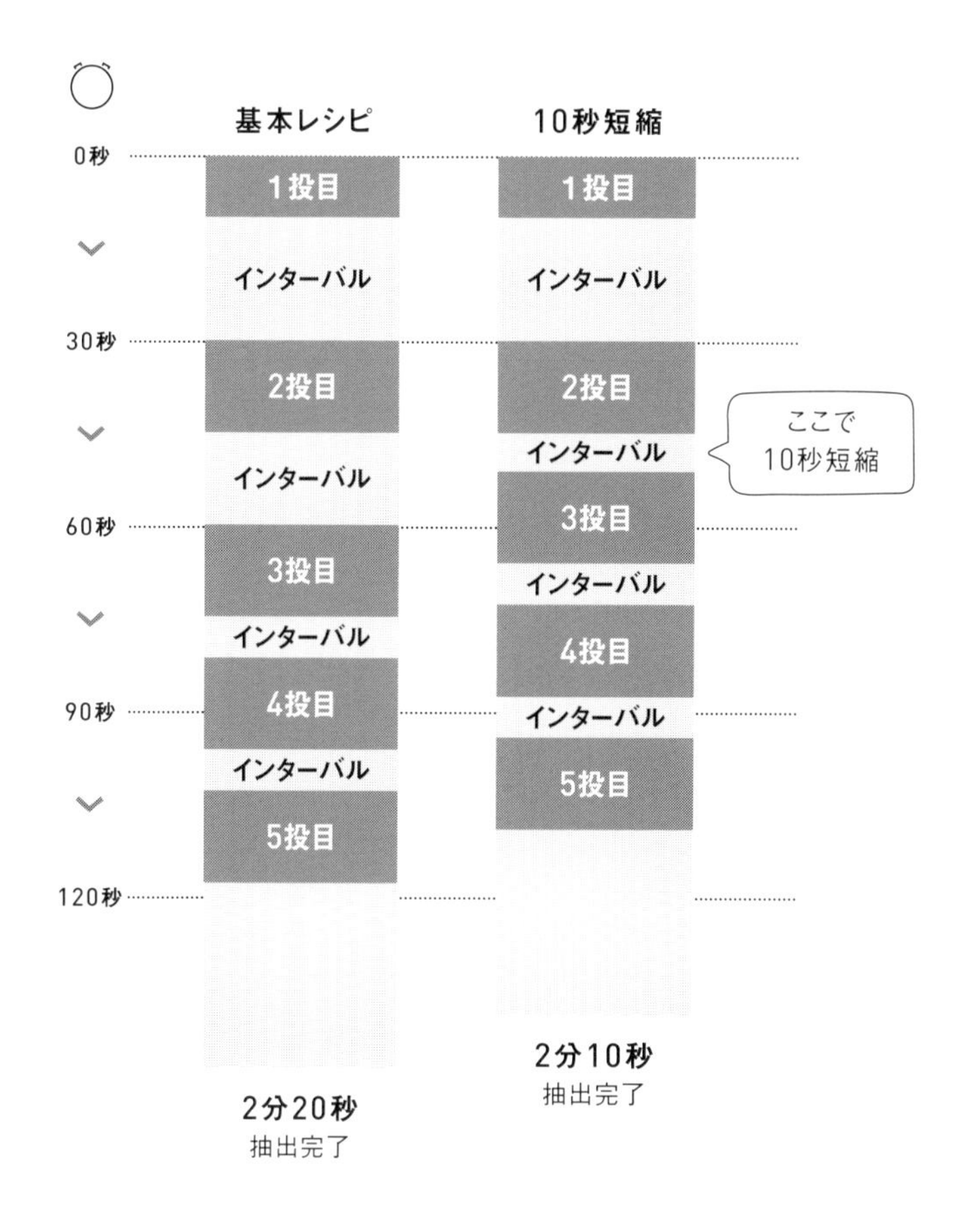

2投目と3投目の間のインターバルを10秒短縮することで、
雑味が出る前に抽出を切り上げることができます。

間が長くなるほど進みます。ということは、挽き目と湯温はそのままでも、時間を短くしていけば雑味を抑えられるかもしれません。

時間の調整方法ですが、私の「基本のレシピ」で言うと、2投目と3投目の間のインターバルを10秒短縮するという手が一つあります(71ページ参照)。これで抽出の完了時間が「基本のレシピ」の2分20秒から2分10秒へと10秒早まります。この10秒の差で雑味が出るのを抑えることができる可能性があるというわけです。

逆に、いつもの淹れ方なのに、質感やフレーバーが少しもの足りなく感じる場合は、挽き目や湯温はそのままで、3投目の投入開始を10秒遅くして、抽出時間全体を10秒延ばす考え方もあるわけです。

これでうまくいくかどうかは、やってみないとわかりません。時間の調整幅の正解が10秒なのか5秒なのか、また、どのインターバルで時間を短縮するかによっても結果は変わってきます。例に挙げた2投目と3投目の間の場合は、酸味が若干穏やかになる可能性があるし、4投目と5投目の間で短縮すれば質感が少しあっさりする可能性があります。

このあたりはいくつか試してみて、味わいの変化のコツをつかんでください。

挽き目、ブリューレシオ、
湯温、時間など、いろいろな要素を
調整してみて、自分がいちばん
好きな味を探しましょう。

湯の「注ぎ方」で豆の実力を引き出す

豆の成分がお湯の中に移動する

ここからは、ドリップの際のお湯の注ぎ方についてお話しします。

まず、お湯を注ぐ回数ですが、「基本のレシピ」では5回に分けて注湯を行います。

1投目で粉に蒸らしのお湯を注ぐと、粉とお湯が混ざった状態になります。そこに2投目、3投目と注湯を繰り返すと、その都度、粉が撹拌されます。この**撹拌の中で、豆の中にある成分がお湯の中に溶け出し、重力によって滴下していきます**。

前にも述べたとおり、豆から溶け出しやすい成分は、時間経過によって異なる（順番がある）ので、撹拌と滴下を繰り返すことで、メリハリのある抽出を行うというわけです。

ちなみに「基本のレシピ」では、2投目までに全体の半分の量のお湯を注ぎ終えます。これは、前半に抽出される成分が味わいに大きな影響を与えると考えるからです。

注湯されるたびに抽出力が高まる

注湯すると、粉に撹拌が起こり、粉からお湯へと成分が移動します。

粉の撹拌が収まります。成分が移動したコーヒー液は、重力でサーバーへと落ちていきます。

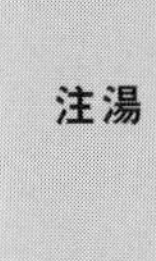

注湯で再び粉の撹拌が起こります。お湯が入ることで、成分の移動も再び活発になります。

真ん中の層にしっかりとお湯を注ぐ

次はお湯を注ぐ位置についてです。コーヒーにお湯を注ぐときは、粉面の真ん中あたりから「の」の字を描くように回し入れるというイメージを持っている人が多いと思います。そのほうが粉全体にお湯が行き渡りやすいためで、ドリッパーの形状に関わらず、基本的にこの方法で間違いはないでしょう。

「基本のレシピ」では、円すい型のドリッパー（フラワードリッパー）を使っています。まず真ん中にお湯を注ぎ、そこから円を描きながら外側のほうに円を広げていきます。外側までいったら、今度は真ん中に戻るように円を小さくしていきます。1投目の蒸らしから5投目まで、基本的にこの動きを繰り返します。

前述しましたが、この注ぎ方は、真ん中にいくほど粉量が多くなる円すい型の中で、効率よく撹拌を起こして抽出にばらつきが出ないようにするためです。特に円すい型のドリッパーは、台形型のドリッパーなどに比べて真ん中の粉の層が厚いので、下のほうまで十分にお湯が行き渡るようにしっかりと注湯してやることが大切です。

中心部は外側より多めに注湯する

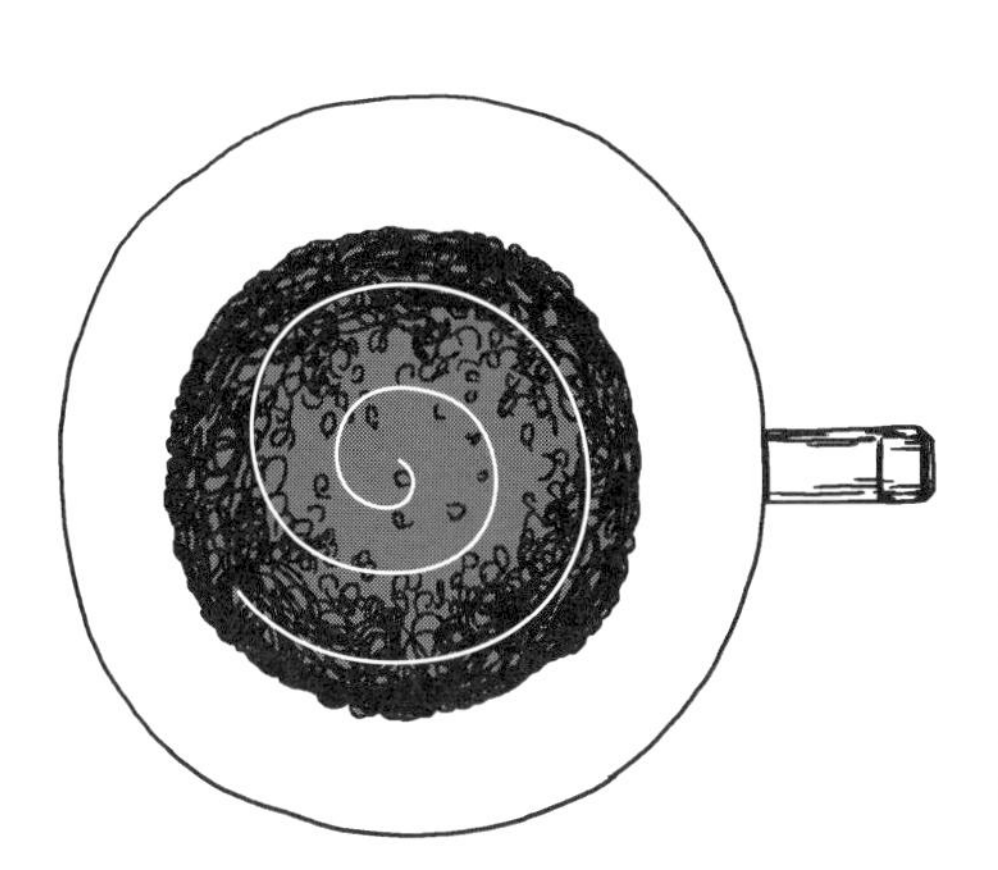

上面

円すい型のドリッパーは、真ん中から外側に向かって円を描きながら注湯していきます。外側までいったら、今度は真ん中に向かって円を小さくしていきます。

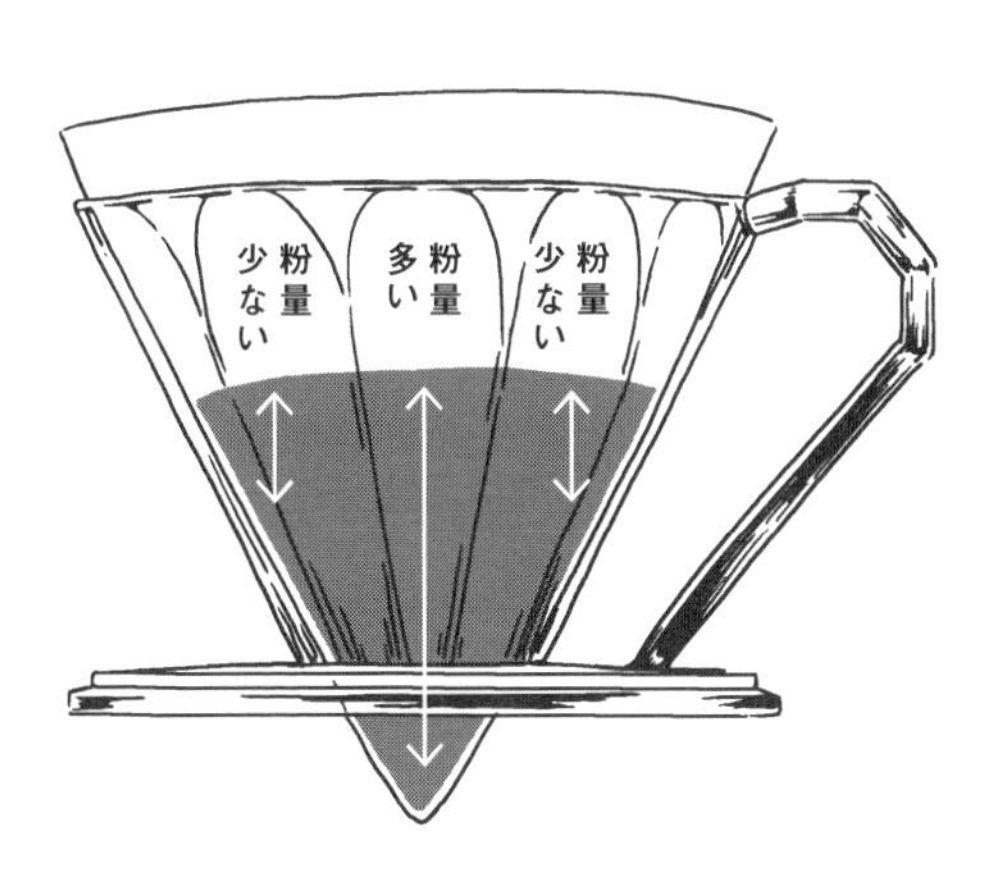

側面

ドリッパーの側面図。円すい型のドリッパーは、中心にいくほど粉の層が厚くなるので、下のほうまでお湯が届くように真ん中に多めにお湯を注ぎましょう。

お湯の太さを意識しながら注ぐ

注湯するときのお湯の太さは、「流量」や「流速」という言い方もします。注ぐお湯が太ければ、それだけ単位時間当たりのお湯の量は増えます。逆に、細く注げば単位時間当たりのお湯の量は少なくなります。

お湯の量が増えるということは、それだけ勢いよく粉面にお湯が流れ込むことになるので、ドリッパー内で意図しない撹拌が起こったり、粉面の一部に穴が開くような現象が起こったりします。そうなると、粉全体からまんべんなくおいしい成分を引き出すことはできず、薄い液体のまま、下のサーバーへと落ちていく分も多くなります。

それならば、お湯は細く落とすほどいいのかというと、そうとは言いきれません。お湯が細すぎると、抽出に時間が長くかかってしまって余計な成分が抽出されたり、撹拌が起きにくくて不均一な抽出になったりします。

お湯は太すぎず細すぎず、ドリッパー内で適度に撹拌が起こって、重力で自然に滴下していく範囲でコントロールするのがポイントになります。

粉に適度な撹拌が起こるようにお湯を注ぐ

お湯が太すぎると、流れ込む勢いが激しすぎて、意図しない撹拌が起きたり、粉面に穴が開くような現象が起こったりして適切な抽出ができなくなります。

適切な流量を投入し続けることで、粉全体にまんべんなくお湯が行き渡り、適度な撹拌が起こって成分を引き出しやすくなります。

お湯を落とす高さもポイント

ドリップポットからドリッパーにお湯を落とす高さも重要です。

まず、位置が高すぎると、粉面の狙ったポイントにお湯を落とすことが単純に難しくなります。また、高い位置から落ちていく途中で、空気抵抗によってお湯が水滴状に広がってしまい、粉面の一点ではなく、やや広い範囲にお湯が当たってしまいます。

一方、低い位置から落とす場合は、粉にやさしく撹拌を起こすことができます。粉面の狙ったポイントにお湯を落とすのも容易になりますが、ポットの注ぎ口の長さや形によってはコントロールが難しくなる場合があります。

私が普段ペーパードリップを行う際は、粉面から10〜20センチ程度の高さで、安定してお湯を注げる体勢を取りながらコントロールするようにしています。フレーバーを出すために強めの撹拌を起こしたいときは高めの位置から、逆に深煎りの豆を使う場合など、撹拌をあまり激しくしたくない場合は、やや低めの位置から細めの流速でやさしく落とすなど、目的に合わせて使い分けています。

お湯を落とす高さによって粉の撹拌が変わる

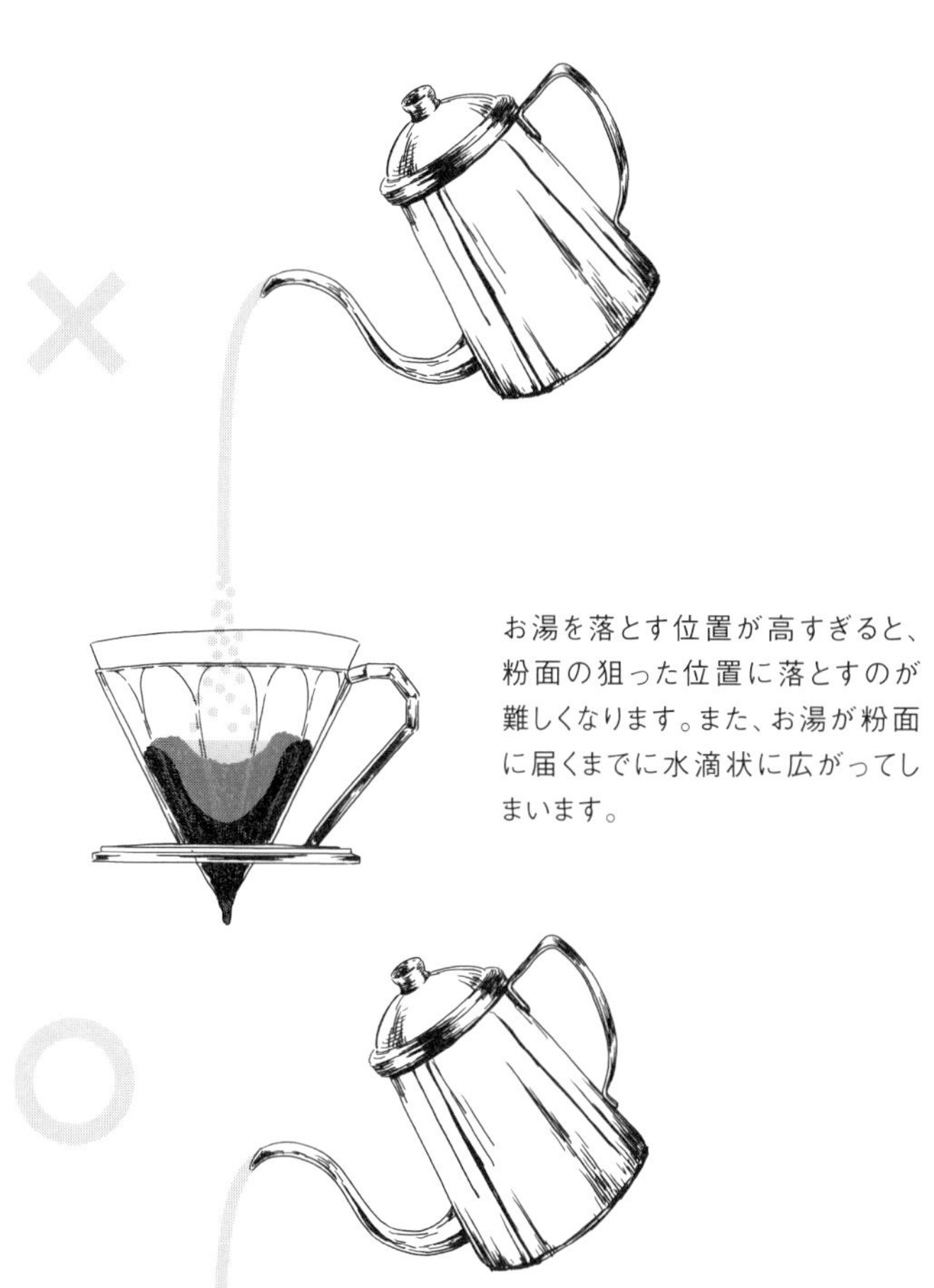

お湯を落とす位置が高すぎると、粉面の狙った位置に落とすのが難しくなります。また、お湯が粉面に届くまでに水滴状に広がってしまいます。

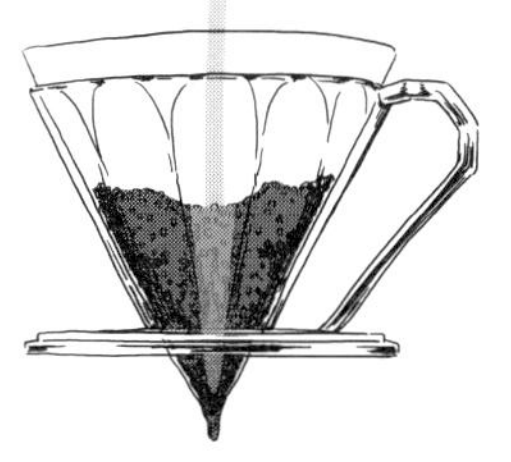

粉面から10〜20センチ程度の高さでコントロールしながら注ぐことで、お湯が粉面で水滴状にならず、粉に適度な撹拌を起こすことができます。

お湯を注ぐ角度はできるだけ垂直に

ポットから注ぐお湯の角度は、**粉面に対してできるだけ垂直に近い状態が理想**です。粉面に対して入射角がありすぎると、それだけ狙った場所に撹拌を起こすことが難しくなるだけでなく、水流に勢いがつきすぎて、手前から奥に向かって粉面が崩れたりえぐれたりしやすくなります。

お湯を垂直に近い状態で落とすためには、お湯の勢いを強くしすぎないこと。軽く傾けた状態で、注ぎ口から出たお湯が自然に落下するようにコントロールします。そのためには**ポットの中のお湯は、適切な量を入れておく**必要があります。

ただし、お湯が多めに入ったポットは重くなります。その重さを支えられないと、途中で疲れてしまって、望み通りの注湯ができなくなります。そんな場合は左手でポットのふたを押さえたり、可能ならばポットの下に左手を添えたりできると、安定しやすくなります。あとは、きれいに垂直にお湯を落とせるように、空のドリッパーに向かって練習を重ねるのも上達の早道です。

お湯は垂直に近い角度で落とすのが理想

ポットを勢いよく傾けすぎると、粉面に対してお湯の角度がつきすぎて、奥に向かって粉面が崩れることもあります。

ポットに多めのお湯を入れておけば、サイホンの原理によって少しポットを傾けるだけで自然にお湯が出てきます。

COLUMN

二つの湯温を使い分ける世界大会のレシピ

ここで、私が2021年のワールドブリュワーズカップのオープンサービス部門で世界最高得点を獲得したときのレシピを紹介しましょう。

このレシピのポイントは、二つの湯温を使い分けるところ。お湯を5投に分けて淹れるのは「基本のレシピ」と同様ですが、1投目の蒸らしから3投目までは90℃という比較的高い湯温、4投目と5投目は一気に30℃下げた60℃の湯温を使います。

これはもちろん、抽出の前半でフレーバーなど、豆のいいところをしっかり出して、後半では質感などをしっかり出しつつも、雑味を抑えるという意味があります。

また、106ページ以降で解説しますが、豆を挽いたときの微粉を取り除くのもポイントです。25グラムの豆のうち5グラムを取り除くという、かなりぜいたくで手間のかかるレシピになります。

自宅で淹れるのにここまでやる人はあまりいないと思いますが、トップブリュワーが集まる競技会での抽出法の一つとして、参考にしてみるのも面白いのではないかと思います。

recipe

2021ワールドブリュワーズカップ ミラノ大会 オープンサービス部門のレシピ

材料

[コーヒー粉量] 20グラム(25グラム中5グラム分の微粉を除去)
[挽き目] コマンダンテ23.5クリック/KRUVE 500マイクロン以上
[ブレンド] コロンビア・ミカバ(ゲイシャ)12グラム
ボリビア・アグロタケシ(ゲイシャ)8グラム
[お湯] 270cc(90℃/60℃)

道具

[dripper] フラワードリッパー(CAFEC)　[filter] アバカフィルター(CAFEC)

	時間	注湯量	累計の湯量
1投目	0秒	+40cc	40cc
2投目	40秒	+85cc	125cc
3投目	1分15秒	+55cc	180cc
ここで湯温を90℃から60℃に切り替え			
4投目	1分50秒	+50cc	230cc
5投目	2分20秒	+40cc	270cc
抽出完了	3分		270cc

1

使う粉は25グラムですが、これをふるいにかけて500マイクロン未満の微粉を取り除きます。使うふるいはKRUVE Sifterです。

2

KRUVE Sifterに粉を入れたら横から叩くなどしてふるいます。かなり時間をかけて限界までふるうのがポイントです。

3

500マイクロン未満の微粉が取り除かれた状態がこれです。シルバースキンと呼ばれる白い薄皮は、ブロワーなどでやさしく丁寧に吹き飛ばします。

「基本のレシピ」と同じフラワードリッパーとアバカフィルターを使います。2回湯通しした後に、ふるいにかけた粉を投入します。

ドリッパーを横から軽く叩いて粉を平らにならします。これで抽出の準備は完了です。

抽出 brew coffee

first shot **1投目** 40cc／0秒～40秒

このレシピでは20グラムの粉に対して270ccのお湯を使うので、ブリューレシオは1:13.5になります。まずは40ccのお湯を1投目の蒸らし用に投入します。

second shot　2投目　85cc／40秒〜1分15秒

蒸らしは「基本のレシピ」よりも10秒長い40秒です。40秒経ったら2投目の85ccを投入します。中心から外側に回し入れて、また中心に戻ります。

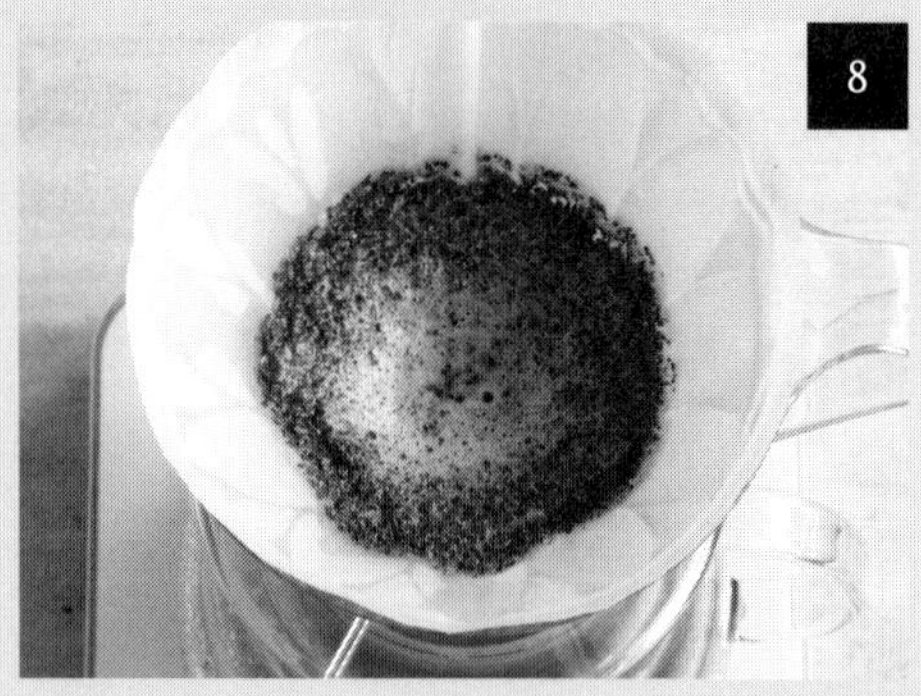

85ccを注ぎ終えたら1分15秒までインターバルを取ります。粉面がすり鉢状に下に下がっていきます。

third shot　3投目　55cc／1分15秒〜1分50秒

1分15秒から3投目を投入します。中心から外側に円を広げていき、外周に一周回し入れて、外側に付いている粉をそぎ落とします。

1分25秒
経過

55ccを注ぎ終えたら1分50秒までインターバルを取ります。インターバル時間は「基本のレシピ」に比べて長めです。

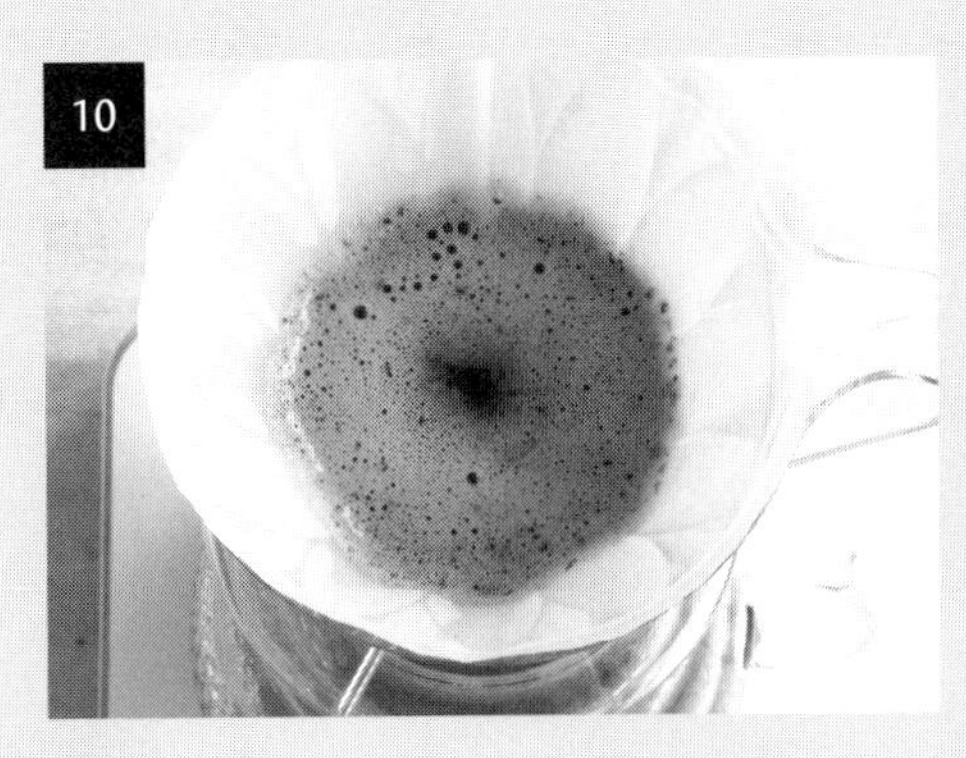

4投目からは60℃のお湯を使います。競技会では湯温の違う二つのポットを用意しますが、家庭で行う場合は、90℃のポットにカップで常温の水を注いで湯温を下げます。

fourth shot 4投目 50cc／1分50秒～2分20秒

1分50秒から4投目の50ccを投入します。このときも中心から外側に向かって回し入れていきます。

4投目の50ccを注ぎ終えたら2分20秒までインターバルを取ります。

third shot **5投目** 40cc／2分20秒～3分

2分20秒から最後の5投目の40ccを投入します。

40ccを投入し終えたら液が落ちきるのを待ちます。

3分が抽出完了の目安ですが、粉面が見えてきたら、そろそろ終わりのタイミングです。

finish　抽出完了

ドリッパーを引き上げて抽出完了です。このレシピでは、使う水の硬度などにもこだわっています。それについては110ページ以降で解説します。

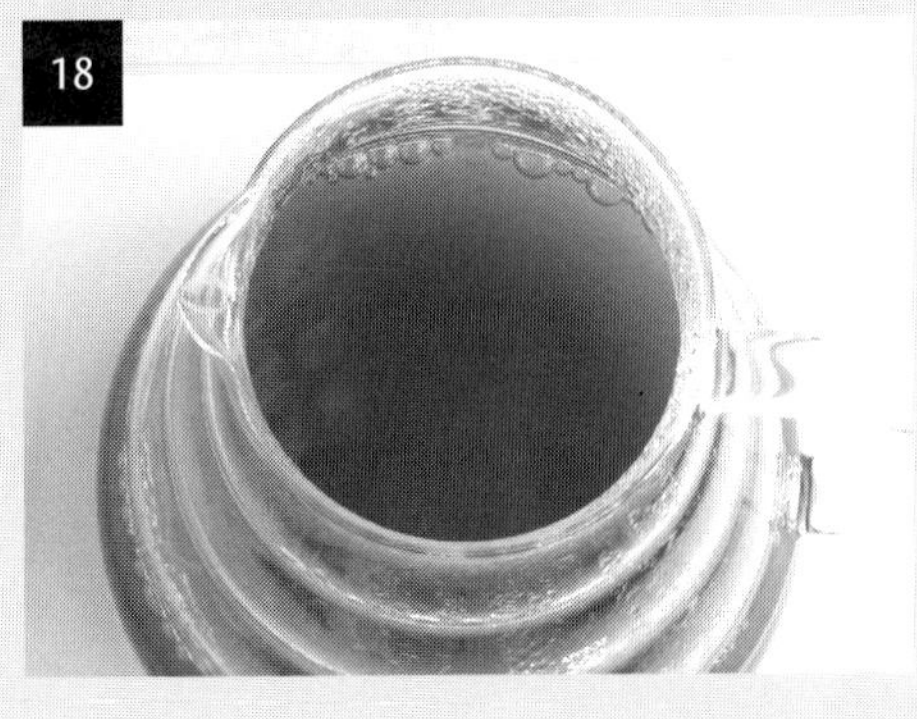

オレンジ、パイン、トロピカルフルーツ、プラム、ブラックベリー、グレープの香りに加えてチョコっぽさも感じられる最高の一杯の完成。

COLUMN

15秒で一気に注ぐだけの超高速抽出法

84ページ「二つの湯温を使い分ける世界大会のレシピ」では、手間のかかる抽出方法を紹介しましたが、日々のコーヒーにそんなに手間をかけることは現実的ではありません。

というわけで、次は逆に時間と手間をあまりかけることなく、でもちゃんとおいしく淹れられる「超高速抽出レシピ」を紹介します。

粉量は20グラムで湯量は230cc。ブリューレシオは1：11・5と、「基本のレシピ」に比べて粉量の比率がかなり高くなります（基本のレシピは1：15）。

湯温は88℃。こちらも「基本のレシピ」の85℃に対して3℃高めです。さらに、挽き目は「基本のレシピ」の中粗挽きに対して、こちらは中細挽きになります。

もうおわかりですね。これらはすべて抽出を進みやすくする＝成分を早く引き出すための調整ポイントになります。

淹れ方は実に簡単。1投目の蒸らしはすっ飛ばして、15秒ですべてのお湯を投入。あとはコーヒー液がサーバーに落ちるのを見ながら1分30秒でドリッパーを引き上げて完了です。さあ、どんな味わいになるのか？ ぜひやってみてください。

recipe

超高速抽出レシピ

材料

[コーヒー粉量] 20グラム(中細挽き)

[お湯] 230cc(88℃)

道具

[dripper] フラワードリッパー(CAFEC)

[filter] アバカフィルター(CAFEC)

	時間	注湯量	累計の湯量
1投目	0秒	+230cc	230cc
注湯完了	15秒		
抽出完了	1分30秒		230cc

pouring hot water　注湯　230cc／0秒～15秒

20グラムの中細挽きの粉に230ccのお湯を投入します。粉と水の比率は1:11.5になります。

蒸らしは必要ありません。230ccのお湯全量を15秒間かけて注ぎます。円を描くように全体に回し入れましょう。

お湯を注ぎ終えたら、あとはサーバーに抽出液が落ちるのを待ちます。

粉が円すいドリッパーの形状に合わせてきれいにすり鉢状に凹んでいきます。

1分30秒を目安にドリッパーを引き上げます。

finish 抽出完了

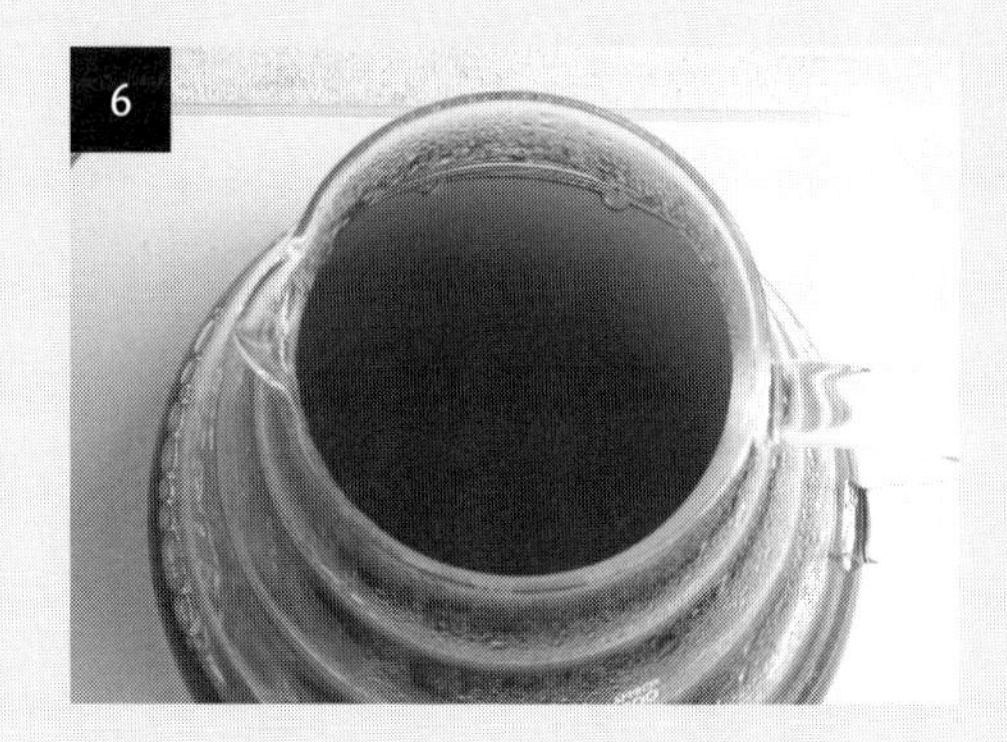

抽出が完了しました。同じ豆を使って「基本のレシピ」と飲み比べてみるのもいいと思います。

ドリッパーで味の方向性が変わる

スペシャルティの世界では「円すい型」が流行り

ご存じのとおりコーヒーの味は、使うドリッパーによっても変わります。ドリッパーは、大きく二つの視点で考えると選びやすくなります。一つは、形状の違い、そしてもう一つは、素材の違いです。

まず形状の違いですが、円すい型、台形型、円筒型と呼ばれるものが代表的です。形状が違うことによって、お湯の抜け具合や抽出の難易度が変わってきます。

円すい型は、下に大きな穴が一つ開いていて、お湯抜けがとてもスピーディです。お湯抜けとは、お湯を入れたときにそれが下に落ちる早さのこと。

円すい型はお湯がサッと抜けるので、そのぶん抽出をコントロールしやすいのですが、いっぺんにザバッとお湯をかけてしまうと、すぐ抜けてしまって、コーヒーが少し薄めに仕上がってしまいます。そのため、このドリッパーを使うときは、基本的には何回かに分けて注ぐという淹れ方が主流になります。

円すい型のドリッパーは世界的にもポピュラーで、スペシャルティコーヒーの店では使っているところが増えているので、お店でコーヒーを飲んだり、豆を買ったりする際に、淹れ方のアドバイスを聞いてみるのもいいと思います。

代表的なメーカーは、ハリオやコーノ、CAFEC（カフェック）です。私はいつもCAFECの「フラワードリッパー」を使用しています。2019年のハンドドリップチャンピオンシップも、このドリッパーを使って優勝しました。

「フラワードリッパー」には、おすすめのポイントが二つあります。

一つ目は、お湯抜けが非常に早いので、抽出のコントロールをしやすいという点。

二つ目は、リブ（ドリッパーの内側に刻まれた溝）が深いので、蒸らしの際にペーパーフィルターが少し外に膨らんで、その分、蒸気がすき間から抜けやすくなり、効率的に粉を蒸らすことができます。

「基本のレシピ」のほか、この本で紹介している淹れ方の多くは、このフラワードリッパーで解説していますので、ぜひ使ってみていただきたい器具です。

「台形型」ドリッパーは抽出にブレが出にくい

次は、台形型のドリッパーです。

台形型タイプは底に小さい穴が開いていますが、この穴の数が一つ、二つ、三つなど、製品によって異なります。この穴の数や穴の大きさによってコーヒーが下に落ちるスピードに違いがあるので、それに合わせてちょっとゆっくり注いだり、ちょっと早く注いだりなどのコントロールが必要になります。

いずれにしても、円すい型に比べてお湯の落ちるスピードがゆっくりめになるので、ドリッパー内にお湯が留まる時間が長く、そのぶん抽出にブレが出にくい（毎回、同じように抽出しやすい）というメリットがあります。その半面、円すい型に比べると、お湯の量を細かくコントロールして味を調整できる幅は小さくなります。

ただ、台形型のドリッパーは、カリタをはじめとてもポピュラーな存在なので、ドリッパー自体はもちろん、ペーパーフィルターを手に入れるのも簡単です。フィルターを切らしたときに、近所のスーパーやコンビニで買えるというのは、とても大きな強みです。

円すい型や台形型、円筒型など、ドリッパーにはいろいろな形があります。形やお湯が抜ける穴の大きさ、数によって抽出に特徴が出ます。私が普段使うのは円すい型の「フラワードリッパー」（写真中央）です。

メリタの台形型ドリッパーは、底に小さな穴が一つしかなく、ほかのドリッパーに比べてお湯抜けがゆっくりになります。1投式、もしくは2投式でお湯を入れるのが基本なので、細かなテクニックを使う必要がありません。

台形型のドリッパーでおすすめなのがメリタ（202ページ参照）です。このドリッパーは、底に小さな穴が一つしかないので、お湯抜けの速度がとてもゆっくりになります。基本的に1投式もしくは2投式で抽出するので、やかんなどでお湯を沸かして、そのままザバッとお湯を入れるだけでも、比較的おいしいコーヒーが出来上がります。

まだドリップポットを持ってないとか、ハンドドリップはまったくの初めてといった方にもおすすめできるドリッパーだと言えます。

「円筒型」のドリッパーはややマニアック

もう一つは円筒型と言われるタイプです。家庭用、業務用としてはカリタの「ウェーブシリーズ」（210ページ参照）が有名です。

ほかのタイプは基本的に底のほうがすぼまるような形をしていますが、円筒型は底面がフラットになっています。粉が広がる分、粉の層は薄くなります。

粉の層が薄くなると、お湯の抜けが早くなったり、均一に抽出しやすかったりなどのメリットがあります。特に、抽出後半のお湯抜けがいいので、雑味などを出したくない場合は、有効なドリッパーだと言えるでしょう。

ただし、円筒型は、使われる材質や穴の大きさで、お湯が落ちるスピードがガラッと変わってしまいます。カリタのウェーブシリーズにも、ガラス製や陶器製、ステンレス製など、いろいろな素材のモデルがあり、それぞれに合った使いこなしが必要です。

そのため、中級者以上か、ちょっとマニアックにこだわって淹れてみたいという場合に、満足感が高いドリッパーと言えるのではないでしょうか。

また、ウェーブシリーズに関しては、専用のフィルターをオンラインショップか専門店で買うことになるので、その点もややハードルが上がります。

普段使いのドリッパーは樹脂製がおすすめ

ドリッパーの素材についても話しておきましょう。

素材にはさまざまな種類がありますが、よく目にするのは樹脂、陶器、磁器、セラミック、ガラス、金属などです。金属にはステンレスやアルミ、銅などがあります。

ほかにも、携帯のしやすいシリコンドリッパーやウッドの削り出しドリッパー、竹細工で作られたドリッパーなども存在します。

これらは正直、見た目や質感、使い勝手などで、好きなものを選ぶのがいいと思います。ドリッパーはドリップポットと並んで、コーヒー器具の主役と言えるものだからです。

ただ、**普段使いの道具としては、なんと言っても樹脂製がおすすめ**です。

それは、気温にあまり左右されないことと、割れにくいので扱いやすいことが挙げられます。また、千円以下で買える値段も大きな魅力です。

初めてドリッパーを買う人は、まずは樹脂製を使ってみて、そこから2個目、3個目として陶器や金属などのドリッパーを買い足していくのがいいと思います。

陶器や金属、特に銅製のドリッパーは、見た目も雰囲気があって、淹れていてもすごくおいしそうに見えます。気分も高まるので、使いたいというのもわかります。

ただ、**陶器や金属のドリッパーは、物質特性と重量の関係によってドリップするお湯の熱を奪いやすい**ので、注意が必要です。ドリップ中にお湯の温度が急激に下がってしまうと、意図した湯温での抽出ができなくなってしまうからです。

陶器や金属のドリッパーを使うときは、あらかじめ熱いお湯をかけるなど、**しっかりと予熱を行うことが大事**だということを覚えておきましょう。

ペーパーフィルターは漂白タイプを選ぶ

ドリッパーと合わせて話しておきたいのが「フィルター」です。

フィルターには、ペーパー、金属、ポリエステル、不織布、布など、いろいろな種類がありますが、日常的に使ってほしいのはペーパーフィルターです。初期費用がとても安いことと、使い捨てなので、手間がかからないのがおすすめの理由です。

いくら安くて扱いやすくても、味がだめなら意味がないのですが、そんなことはありません。ペーパーフィルターで抽出したコーヒーは、非常にクリアで透き通ったような印象と、すっきりした味わいが特徴です。

ペーパーフィルターには、酸素漂白処理の有無や紙の構造、素材、原材料などの違いがあって、それらがコーヒーに影響を与えます。

まず、いちばん質問されることが多い漂白と無漂白との違いですが、基本的には漂白タイプを選べば間違いありません。かつては、漂白剤の香りや漂白剤の薬剤が少し残って、それがコーヒーの味に影響を与えるのでは？　ということで敬遠される場合もありましたが、最近の技術ではそういうことは起こりません。むしろ紙そのものの香りが少ないということで漂白されているタイプを選ぶのがおすすめです。

むしろ、無漂白の茶色いタイプは、個人差はあるかもしれませんが、ペーパーの香りが強く出てしまうことが多いように感じます。私の場合、ペーパーの香りがコーヒーに入ってしまうと、コーヒーの香りを繊細に感じることが難しくなります。

次にペーパーの構造ですが、ペーパーには、表面がツルツルしているものとザラザラしているものが存在します。

このザラザラは「クレープ構造」というもので、表面にちりめん状の凹凸があります。これによって表面積が広くなり、微粉などの目詰まりを起こしにくく、抽出の最後まで透過スピード、つまり「お湯抜け」がいい状態をキープすることができます。このクレープがしっかり入っていることが、私の抽出の決め手になっています。

いろいろなメーカーのフィルターを使ってきましたが、最も気に入っているのはCAFECの「アバカフィルター」の漂白タイプです。クレープがしっかり入っており、お湯抜けがいい状態を最後まで保てるので、抽出をコントロールしやすく、紙の香りも少なめです。ハンドドリップやブリュワーズなどの競技会でも、このフィルターを愛用しています。

ペーパーフィルターは抽出の決め手

ドリッパーには漂白タイプ（右）と無漂白タイプ（左）があります。漂白タイプのほうが紙の匂いが気になりません。

アバカ（マニラ麻）とパルプを使ったアバカフィルターは、紙の両面に目の揃ったクレープ構造があることで、抽出の最後まで比較的お湯抜けがいい状態をキープできます。

微粉を取り除いてクリーンな一杯に

微粉は「過抽出」になりやすい

この本の中で、何度か「微粉」という言葉が出てきましたが、ここで「微粉とは何か?」ということについて、改めて解説したいと思います。

コーヒー豆を挽いたときに、自分が使いたい挽き目よりも遥かに細かい粉が出てきます。本当に**小麦粉ぐらい細かい粉**ですが、これを微粉と呼びます。グラインダーの性能によっても違いますが、どんなに性能のいいグラインダーで挽いても、この微粉は多かれ少なかれ必ず出ます。

微粉は、普通はあまりいいものとしては扱われません。「安いグラインダーを使うと微粉がたくさん出る」という話は56ページでもしたと思います。なぜそれほどまでに微粉を気にするかというと、単純に細かすぎるのです。

例えば、中粗挽きの粉で2分20秒で抽出を完了するレシピの場合、そこに非常に細かい微粉がたくさん混じっていると、その微粉の分は初期で抽出が完了してしまい、その影響を受けてコーヒー全体が「過抽出」になってしまうのです。抽出が行き過ぎた状態なので、**苦味や渋み、雑味などのネガティブな成分が出ています。**

手挽きミルや電動グラインダーで豆を挽いたときに出る微粉の量を、できるだけ少なくしたい理由はここにあります。また、競技会などでより狙った味に厳密に抽出したいときは、ふるいを使って微粉を取り除く作業をすることが多くなります。これについては、84ページの「世界大会のレシピ」で紹介したとおりです。

自分の好みはどっち？

微粉に関しては賛否両論があり、**「取り除いたほうがクリアになっていい」**という人もいれば、**「微粉があるほうが複雑性が増すから、あえて取らない」**という人もいます。

私自身は、微粉があったほうがおいしいときもあるし、ないほうがおいしいときもあるので、使う豆に合わせて取ったり取らなかったりケースバイケースです。

自分でコーヒーを淹れたときに、「ちょっと苦手な味がするけど、もしかすると微粉のせいかな」というふうに感じたときは、家にある茶こし（目が細かいもののほうがいいです）を使って、コーヒー粉をふるいにかけてみてはどうでしょう。

または、世界大会のレシピで紹介したＫＲＵＶＥ Ｓｉｆｔｅｒ（クルーブシフター）のような器具もあるので、そちらを使えば、より効率よく、正確に微粉を取り除くことができます。

ほかにもサザコーヒーの「パウダーコントロールストッカー」（２３８ページ参照）という器具もおすすめです。缶の中に茶こしのような網が入っていて、そこにコーヒー粉を入れて振ると、網の目よりも細かい粉が下に落ちて、自分が抽出に使いたい挽き目の粉は網の上に残るという仕組みです。

とにかく、百聞は一見にしかずなので、微粉を取り除いたほうがいいのか、それとも取らないほうがいいのか、自分はどっちの味が好きなのかということを検証してみるのがいちばんだと思います。グラインダーの性能によっては、微粉はかなり多く出るので、意外なほど大きな違いが出るかもしれません。

あとは、微粉を何が何でも全部取り除くのではなく、ちょっと減らす程度にしてみるなどの調整をしてみるのも面白いと思います。

ふるいを使って微粉を取り除く

KRUVE Sifterは三角のおにぎり型をしたふるい。網の目の大きさが異なる数種類のメッシュフィルターが付属しています。

コーヒー粉を入れてふるいにかけると、網の目を通して微粉が下のほうに落ちます。フィルターをさらに重ねて、複数のメッシュサイズの粉にふるい分けることもできます。

左が500マイクロンのメッシュフィルターを通過して落ちた微粉。右が中粗挽きサイズとして残ったコーヒー粉です。

硬水？ 軟水？「水」の使い分けで繊細に

関東の水は硬度が高い

「家庭でコーヒーを淹れるときの水は、何を使ったらいいですか？」とよく質問されますが、基本的には浄水器を通した水道水で淹れるのがいちばんいいと思います。

浄水器については、蛇口に取り付ける一般的なタイプでOKですが、住宅事情などでそれを取り付けていないという場合は、ブリタなどの浄水ポットでも塩素などの匂いは十分に抜けます。ただ、浄水ポットは使うたびによく洗って、常に清潔な状態にしておかないと、むしろ水に悪影響が出るので気をつけてください。

一方、水道水については、注意してもらいたい点があります。それは水の硬度です。

水の硬度というのは、水の中に含まれるカルシウムとマグネシウムの合計含有量を表す指標で、㎎／ℓという単位で表します。

この硬度の値は、コーヒーの味わいに多少なりとも影響を与えます。硬度が高ければ高いほど味は強めに出て、逆に低ければ低いほど味は柔らかめに出ます。

日本の水道水の硬度の平均は50より少し低いくらいといわれていますが、例えば、私のお店がある埼玉県の東部の地域は、全国的に見てもやや硬度が高く、季節や天候にもよりますが、だいたい硬度60から80の間くらいです。

これが東海地方よりも西にいくと硬度50未満の地域が多くなり、奈良、大阪、岡山、広島あたりになると30や20、中には10など、すごく低い地域もあります。四国も概ね低い傾向ですが、九州ではやや硬度が上がる地域もあります。東北地方から北海道にかけても硬度が低い地域が数多くあります。

硬度が低いとフレーバーが出にくい

硬度の違いがコーヒーの味わいに影響すると言いましたが、仮に硬度80の地域で焙煎した豆を、硬度20の地域に持っていって淹れるとどうなるか。この場合は、味や香りが弱めのコーヒーが出来上がります。なぜなら、焙煎をする際のカッピング（146ページ参照）

を硬度80の水で行っており、それが焙煎の味や香りを決める基準になっているからです。

以前、大阪の有名コーヒー店にゲストバリスタで呼んでもらった際に、この現象が起こりました。埼玉の自宅で焙煎したコーヒー豆を持っていって抽出したところ、フレーバーが全然出ないし、甘さも何か物足りない。焙煎時はそうではなかったのに、いつの間にか、とても浅煎りのコーヒー豆に変わってしまった感じです。

そのときは、「あれ？ どうしたんだろう？ 焙煎をミスしたかな？」と焦ったのですが、すぐに原因が埼玉と大阪の水の違いにあることに気づき、少し湯温を上げたり、挽き目を細かくしたりして調整を試みました。単純に挽き目を細かくするだけでは、抽出が進みやすくなって雑味なども出やすくなるので、時間を短めにするなど、抽出の変数を調整しなければならず、なかなか大変でした。

これからは日本でも硬度を気にするべき

よく「軟水」とか「硬水」という言い方をしますが、硬度が低ければ軟水、高ければ硬水で、日本の水は世界的に見ると概ね軟水と位置づけられています。

そのため、これまでコーヒーの抽出に関しては、あまり硬度は注目されてきませんでした。その点、地域によって硬度の違いが大きい海外は、硬度のコントロールに関する知見が日本よりも古くからある印象です。

ただ日本でも、最近は全国から、ときには海外からもインターネットでスペシャルティグレードの焙煎豆を買うケースが増えてきました。そういう豆を入手して淹れるときは、お店がある地域の硬度についても、気をつけておく必要があると思います。

例えば、大阪のお店で焙煎された豆を埼玉で淹れて飲む場合、大阪の水と埼玉の水では、明らかに味の出方が違うはずです。先の私の例とは真逆で、大阪の水より埼玉の水を使って淹れた方が味や甘さ、ビターさが強く出てきます。その味でいいのであれば問題ないですが、もうちょっと穏やかな味にしたければ、大阪に近い硬度の水を使うか、挽き目や湯温、時間などで抽出の調整をすべきです。

地域の水の硬度は、自治体や水道局のホームページで調べることができるほか、公益社団法人「日本水道協会」のサイトの「水道水質データベース」で、全国の浄水場の数年分の詳細な水質データが公開されています。季節や降雨の影響で変わる場合もあるようですが、地域ごとにだいたいの傾向をつかむことができるので、活用してみてください。

市販のミネラルウォーターを活用する

コーヒーを淹れるために水の硬度をコントロールしたい場合、最も手っ取り早い方法は市販のミネラルウォーターを使うことです。

スーパーやコンビニ、インターネットなどで販売されているミネラルウォーターには、軟水から硬水まで幅広い製品がそろっています。硬度が20の地域のお店で焙煎されたコーヒー豆を、硬度が80の地域の人がネット通販で買った場合は、硬度20にできるだけ近い市販のミネラルウォーターを買ってきて、その水で淹れてあげればいいわけです。

逆にヨーロッパなど、硬度が高い国の豆は、硬度が高めの水で淹れてあげるといいでしょう。ただし、あまりに硬度が高すぎると、苦味や重たさが強くなるので注意が必要です。

水の成分を細かくカスタマイズ

さらに細かく水をコントロールしたいなら、マグネシウムやカルシウムを添加する方法

マグネシウムやカルシウムで硬度を調整

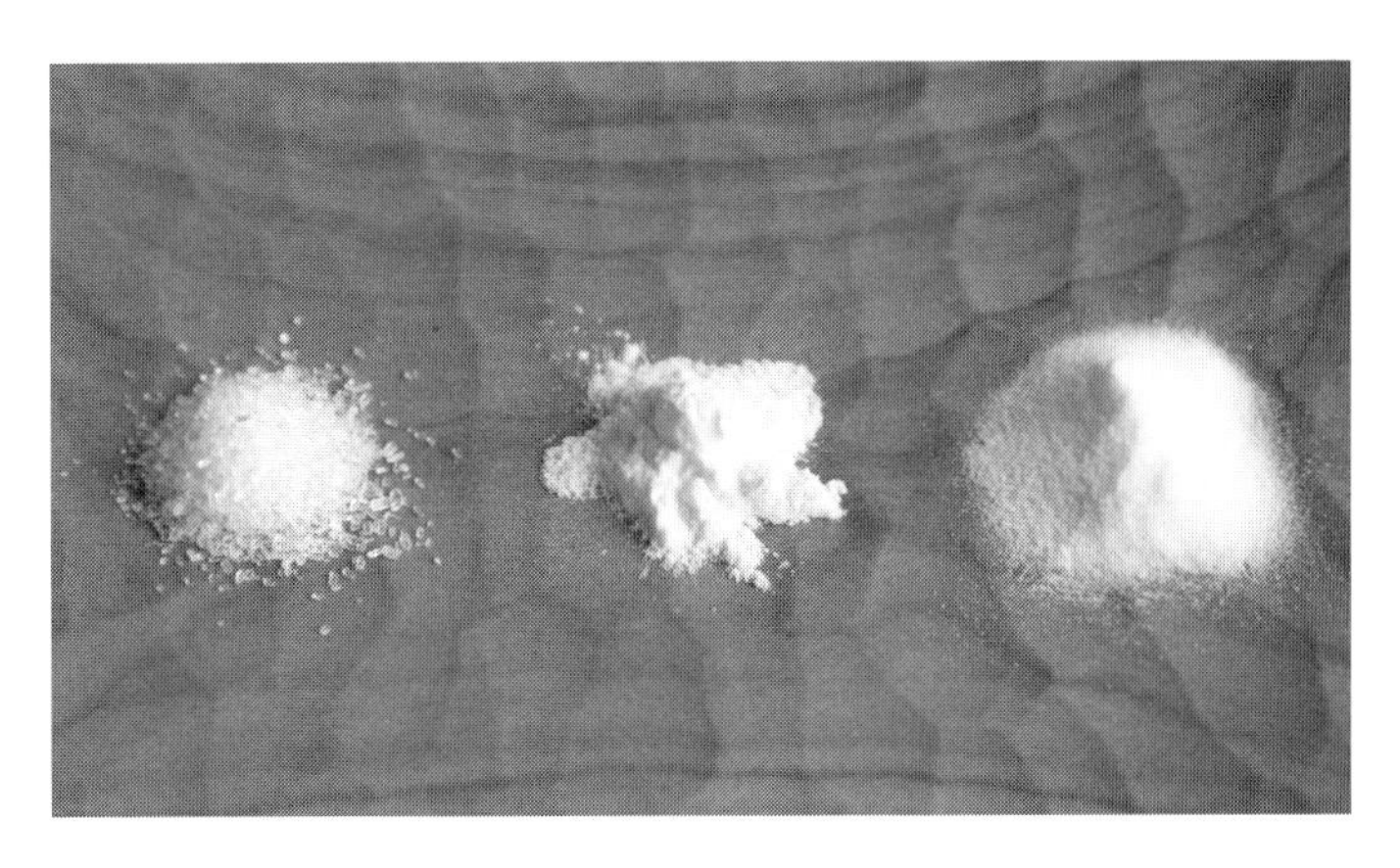

左から硫酸マグネシウム、硫酸カルシウム、重曹。水に添加することで、左の二つは硬度を、重曹は炭酸塩硬度を引き上げることができます。

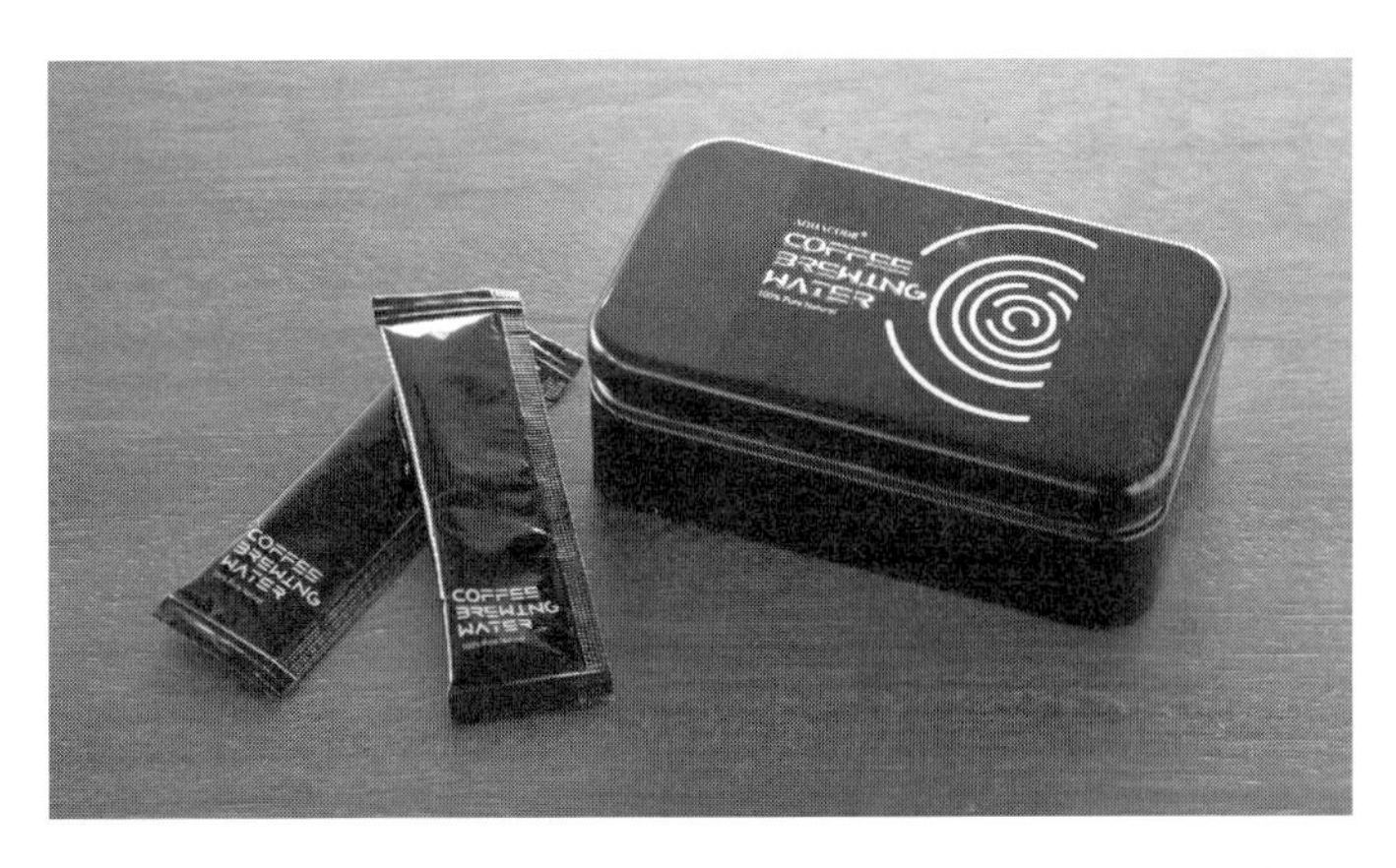

天然成分の深海ミネラルイオンを配合したカスタムウォーター用キット「アクアコード」。カルシウムとマグネシウムを1:2.7の比率で含んでいます。

もあります。マグネシウムは、ドラッグストアやインターネットで販売されている「硫酸マグネシウム」を使います。「エプソムソルト」という名称で食品添加物扱いになっているものもあります。これをミネラルウォーターで希釈して濃縮液を作り、その濃縮液をコーヒー抽出用の水と混ぜ合わせたものを沸かしてコーヒーを淹れます。カルシウムは、「硫酸カルシウム」（食用石膏）を使って濃縮液を作り、それと水を混ぜ合わせて使います。

そのほか、重曹を添加することで、「炭酸塩硬度」をコントロールする方法もあります。炭酸塩硬度が少なめの水は酸の出方が強く、多めの水は酸の出方が穏やかになります。酸の出方に関しては有効な調整手段として最近注目を集めています。

このようにコーヒー抽出のために水の成分調整をすることを「カスタムウォーター」といいますが、これは、実際にやってみると、けっこう手間がかかる作業です。細かな計算をしなければならず、扱う粉末が微量なため、精度の高いスケールが必要になります。

そこで活用したいのが「アクアコード」（115ページ参照）のようなカスタムウォーター用のキットです。マグネシウムやカルシウムがコーヒー抽出用に最適化された比率で配合されていて、希釈すべき水の分量もわかりやすく表示されています。

PART 3

プロのテイスティング術

チャンピオン直伝・味覚や嗅覚を鍛える四つの習慣

季節のフルーツを毎日食べる

コーヒーをテイスティングするための味覚や嗅覚を良好に保つため、さらには磨いていくために、私は四つの習慣を心がけています。

一つ目の習慣は、コーヒーのフレーバー表現に役立つフルーツを、できるだけ毎日食べることです。フレーバーとは、コーヒーを口に含んだときや飲み込んだときに感じる味わいや香りの印象のことです。「フルーティー」という言い方があるとおり、コーヒーのフレーバーは、何かのフルーツに例えて表現することが多くなります。

コーヒーのフレーバーは、ブルーベリー、ブラックベリー、イチゴなどのベリー系をはじめ、グレープフルーツ、オレンジ、レモン、ライムなどの柑橘系、ココナッツ、チェリー、ザクロ、パイナップル、グレープ、アップル、ピーチ、梨、レーズン、プルーンなど、非常に幅広いフルーツに例えられます。

そうしたフルーツの味や香りを自分の感覚の引き出しに入れておくために、日々、それらを食べるようにしているわけです。

同じフルーツでも、単一のものだけでなく、異なる品種や産地のものをそろえて食べ比べるようにしています。

化学調味料は使わない

二つ目の習慣は、料理にはできるだけ化学調味料を使わないということです。

と言っても、化学調味料が舌に悪影響を与えると考えているわけではありません。そうではなくて、食事に化学調味料が入ってると、単純にその料理を

ベリー系をはじめ季節のフルーツをしっかり味わうようにしています。

「おいしく感じ過ぎてしまう」からです。

化学調味料は、料理のうまみを補ったり、素材の味を引き立てることで、口に入れたときにすぐに「おいしい！」と感じさせてくれます。

それによって、食材自体が持つ甘みや酸味、苦味などの細かな味わいをじっくりと判別しなくなってしまうのです。これは科学的に言っているのではなく、あくまで私の経験的な実感の話です。

あとは、おいしくて食べ過ぎてしまうこともあります。だから化学調味料をとることが多くなりがちな外食はできるだけ避け、自炊をするようにしています。

感覚を研ぎ澄ませて食事に集中する

三つ目の習慣は、感覚を研ぎ澄ませて食事に集中することです。

食事にしろおやつにしろ、何か食べ物を口にするときには、その食材の舌触りや質感、香りなど、いろいろなものに感覚を研ぎ澄ませて集中して味わうようにしています。それがコーヒーの味や香りを見極めるときにも非常に役立つのです。

コーヒーにはさまざまな成分が含まれており、品種や精製、焙煎、抽出の違いによって、非常に複雑な味や香りの表情を見せます。その繊細な違いを感覚で捉えて、それを言語化するためには大変な集中力が要求されます。

そのような集中力を伴う作業は、競技会などの場でいきなりできるものではありません。日々の食事から集中力を高める練習をしておく必要があるのです。

「普段の食事からそんなことしていて、おいしいの？」と思われるかもしれませんが、これが実においしいのです。集中して食べることが当たり前になると、毎回の食事が「素晴らしい体験」に変わります。ぜひ、やってみてください。

トレーニングで味覚や嗅覚を鍛える

四つ目の習慣は、味覚や嗅覚を鍛えるためのトレーニングをすることです。

味覚や嗅覚のよさには、生まれ持った素質もある程度あると思いますが、後天的に鍛えられる面もあるのではないかと思います。私も日々トレーニングを重ね、味覚や嗅覚のセンサーに磨きがかけられたという実感を持っています。

私が日ごろ行っているのは、コーヒーの「カッピング」を活用した「トライアンギュレーション」という味覚トレーニングです。

カッピングというのは、コーヒーの粉が入ったカップにお湯を注ぎ、そこに抽出されるコーヒー液で豆の味や香りをチェックするという評価の方法です。

トライアンギュレーションというのは、三つのカップと2種類のコーヒー粉を用意して、二つのカップには同じ粉、もう一つのカップには別の粉を入れて、カッピングでどのカップにどの粉が入っているのかを判別するトレーニングです。

三つのカップは、2種類の粉のどちらが入っているのかわからないように、目隠し状態にしてシャッフルします。このトライアンギュレーションの具体的なやり方は、154ページ以降のコラムで解説しています。

料理やワインでも大きな感動を得られる

以上四つの習慣を、私は毎日、ほぼ欠かさず行っています。

四つめのトライアンギュレーションは、出張などのタイミングでできないこともありますが、それ以外は毎日できることです。

これらを習慣化することができれば、コーヒーのテイスティングのスキルはかなり向上します。コーヒーの味や香りを判別して、ほかの食べ物やスパイスなどに例えて表現できるようになるだけではなく、コーヒー以外の食べ物や飲み物を口にするとき、例えばバーに行ってカクテルを飲むときや、フレンチレストランで料理やワインを楽しむときも、これまでよりもっと大きな感動を得ることができるようになるはずです。

味覚と嗅覚は鍛えておいて損がないどころか、人生を豊かにする宝物です。はじめはちょっとストレスに感じるかもしれませんが、四つの中の一つからでも、試してみることをおすすめします。

どんな「言葉」でコーヒーの味を表現する？

ポジティブな言葉とネガティブな言葉

コーヒーの味を表現する言葉には、いろいろなものがあります。

左のページのチャートは、コーヒーの味の表現で比較的よく使われる言葉を、抽出の段階に合わせて表したものです。このチャートでは、上から下へと抽出が進み、コーヒーの成分があまり出ていない段階を「未抽出」、成分の出方が程良い段階を「適正な抽出」、成分が出過ぎた段階を「過抽出」としています。

適正な抽出の段階にある言葉は、「フルーティー」や「スムース」など、どれもポジティブな褒め言葉になりますが、未抽出や過抽出の段階にある言葉は、よくない味を表すネガティブな言葉が多くなります。

特に、過抽出なコーヒーで感じられる「アストリンジェント」「ドライ」「ビター」「ハー

コーヒーの抽出の状態を表す言葉

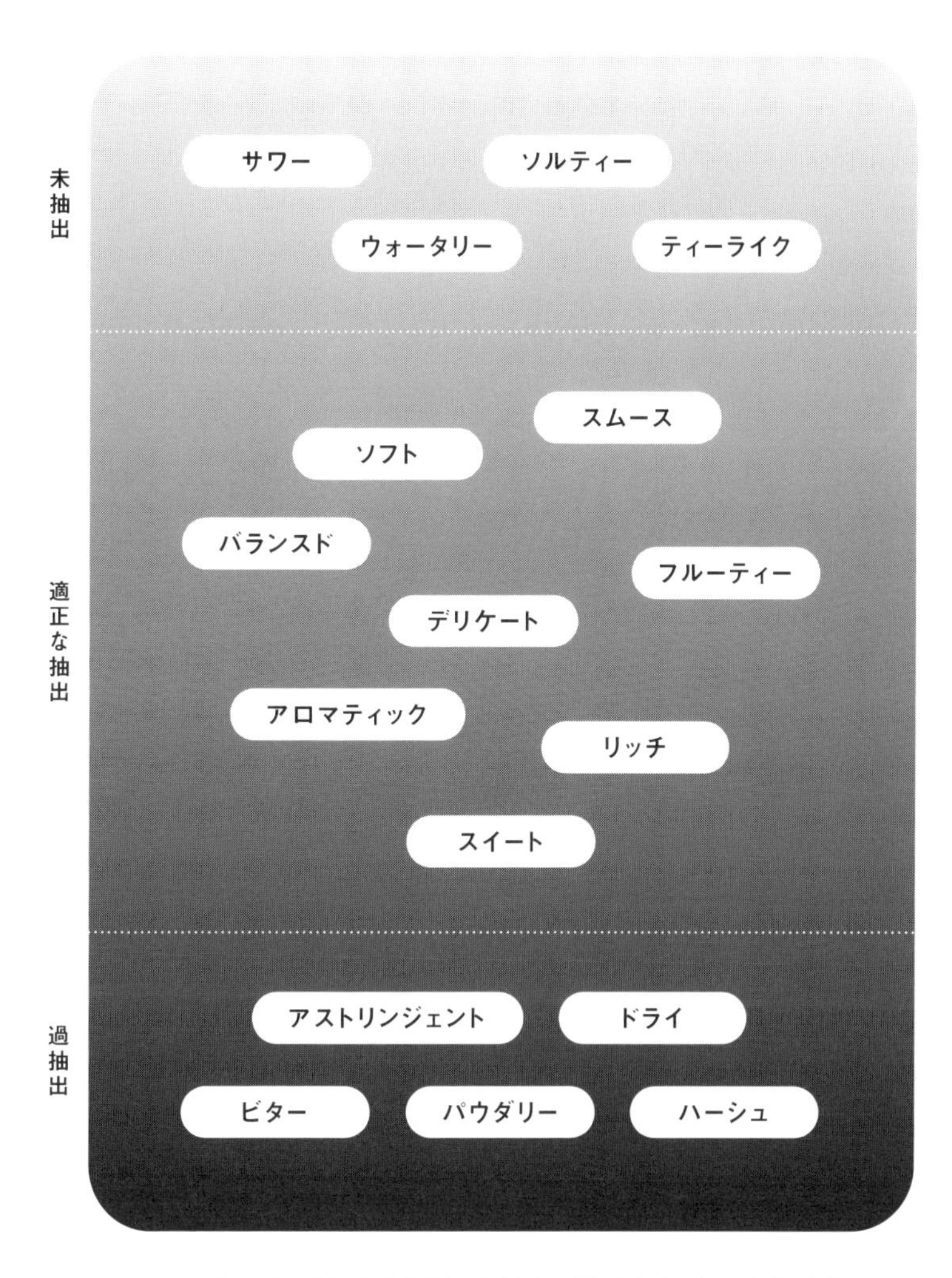

このチャートでは、上から下へと抽出が進みます。上のほうが成分が十分に抽出されていない「未抽出」の状態、下のほうは成分が抽出されすぎた「過抽出」の状態になります。

シュ」「パウダリー」などの言葉は、おいしいフレーバーを阻害するものとして使うことが多いので、知っておくといいと思います。

日本語でさらに表現の幅を広げてみる

ただ、いずれにしても、これらはすべて英語なので、言葉によってはちょっとピンときづらいものもあります。そこで、これらの英語を日本語としてニュアンスを伝えやすくしたものが左ページの表になります。

例えば、「アストリンジェント」は「舌に感じる乾きやざらつき」、「ドライ」は「喉に感じるいがらっぽさ」、「ハーシュ」は「焦げ感、ざらつき」といった具合に、ネガティブな要素をより具体的にイメージすることができると思います。

ポジティブな言葉にしても、「フルーティー」であれば「果実味のある」など、日本語ならではの細やかな表現が可能です。

言葉のバリエーションを意識的に広げていくことで、コーヒーの味の表現力がどんどんと高まっていくはずです。

言葉のバリエーションを広げてみる

サワー	酸っぱい、舌がキュッとする
ソルティ	しょっぱい、塩味がある
ウォータリー	水っぽい、薄い
ティーライク	お茶のような、さらりとした
スムース	滑らかな、すべすべとした
ソフト	柔らかな、角のない
デリケート	繊細な
バランスド	調和の取れた、均整が取れた
フルーティー	果実味のある
アロマティック	芳醇な香りのする
リッチ	コクのある、濃厚な、重厚な
スイート	甘さのある、甘い感じがする
アストリンジェント	舌に感じる乾きやざらつき
ドライ	喉に感じるいがらっぽさ
ビター	強い苦味、きつい苦さ
パウダリー	粉っぽい、口の中でざらつく
ハーシュ	焦げ感、ざらつき

感じたフレーバーを食べ物や花などに例える

「フレーバーホイール」に基づいて判別する

118ページでも話しましたが、フレーバーとは、コーヒーを口に含んだり飲み込んだりしたときに感じる味や香りの印象のことです。

コーヒーのフレーバーは、コーヒー以外の食べ物や花などに例えて表現されます。食べ物はフルーツのほかに、ブラウンシュガー、ナッツ、ココア、スパイスなど多岐に渡り、コーヒーの豊かで複雑な味わいを示唆しています。

こうした多様性のあるフレーバー表現の共通言語・世界標準となっているのが、スペシャルティコーヒー協会（SCA）とワールドコーヒーリサーチ（WCR）が共同で作成した「コーヒーテイスターズフレーバーホイール」です。コーヒーのフレーバーを表現するさまざまな要素、言葉を車輪のように円形に並べたチャートで、世界中の言語で表記されたものが提供されています（130～131ページで日本語版を掲載）。

フレーバーホイールでは、コーヒーを飲んで感じたフレーバーを、まず内周にある大カテゴリーで判別し、次にその外周にある中カテゴリーで判別し、さらにその外周にある具体的な食べ物などの品目へと判別を広げていきます。

例えば、コーヒーを飲んでみて、味や香りに「果物」を感じたら、次はそれが「ベリー系」なのか「柑橘系」なのかを判別します。もし「ベリー系」だとしたら、次はそれが「ブラックベリー」なのか、「ラズベリー」なのか、「ブルーベリー」なのかといった具合に特定していきます。通常、フレーバーは1種類ではなく、複数が感じられることが多いので、それらを挙げながら自分が感じたコーヒーのフレーバーを表現します。

このようにコーヒーの味や香りを感じ取って、何か別のものに置き換えることで、フレーバー表現の幅が広がると同時に、味や香りへの感覚も磨かれていくと思います。

また、118ページでも紹介したとおり、普段の生活においてもフルーツなどの食材のフレーバーを積極的に感じ取って、それを自分の感覚の引き出しの中に入れておく習慣も必要です。と言っても、堅苦しく考えることはありません。日々の食事やコーヒーを楽しむ中で、少しずつ味や香りを意識するところから始めればいいのです。

コーヒーの鑑定のフレーバーホイール

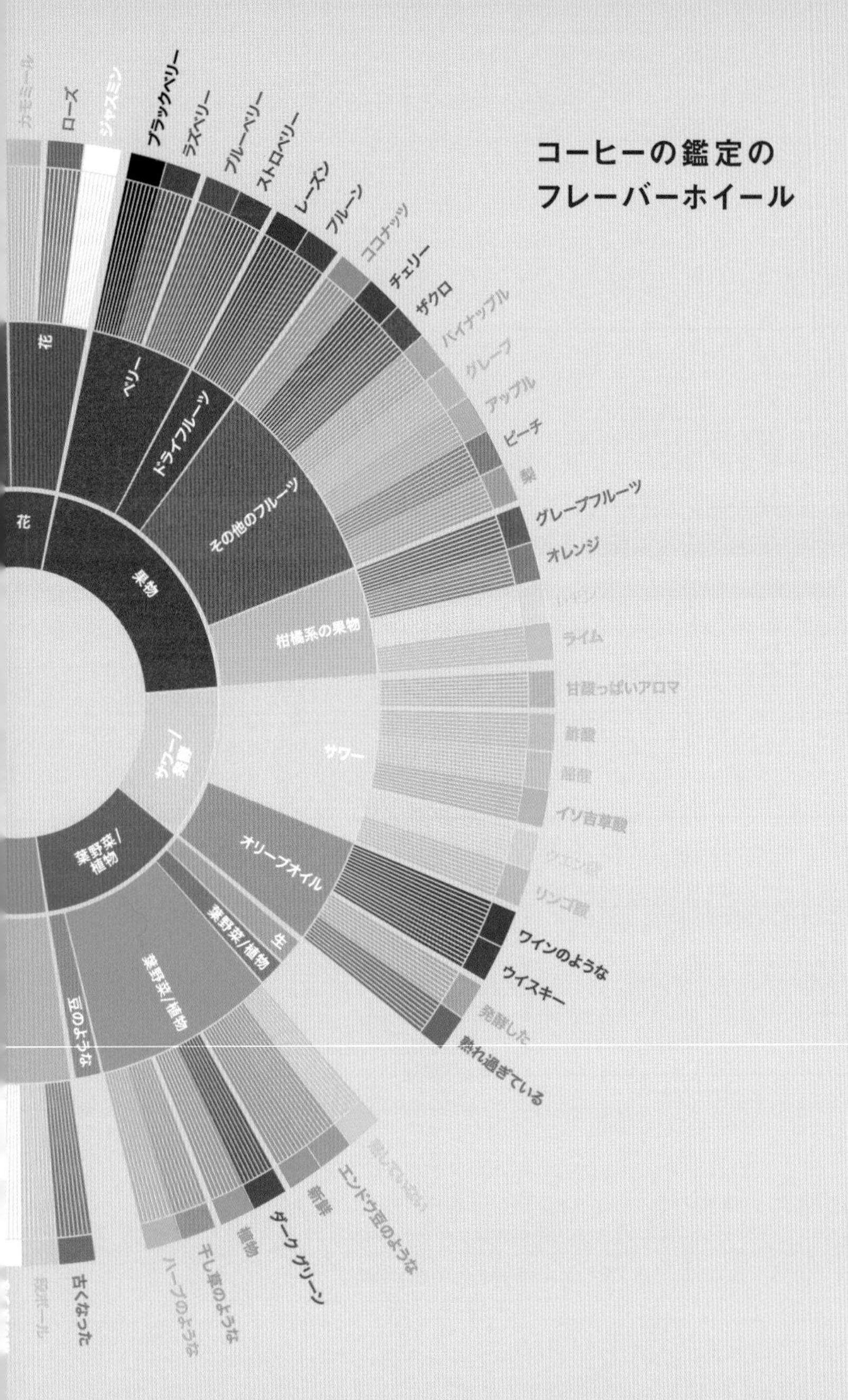

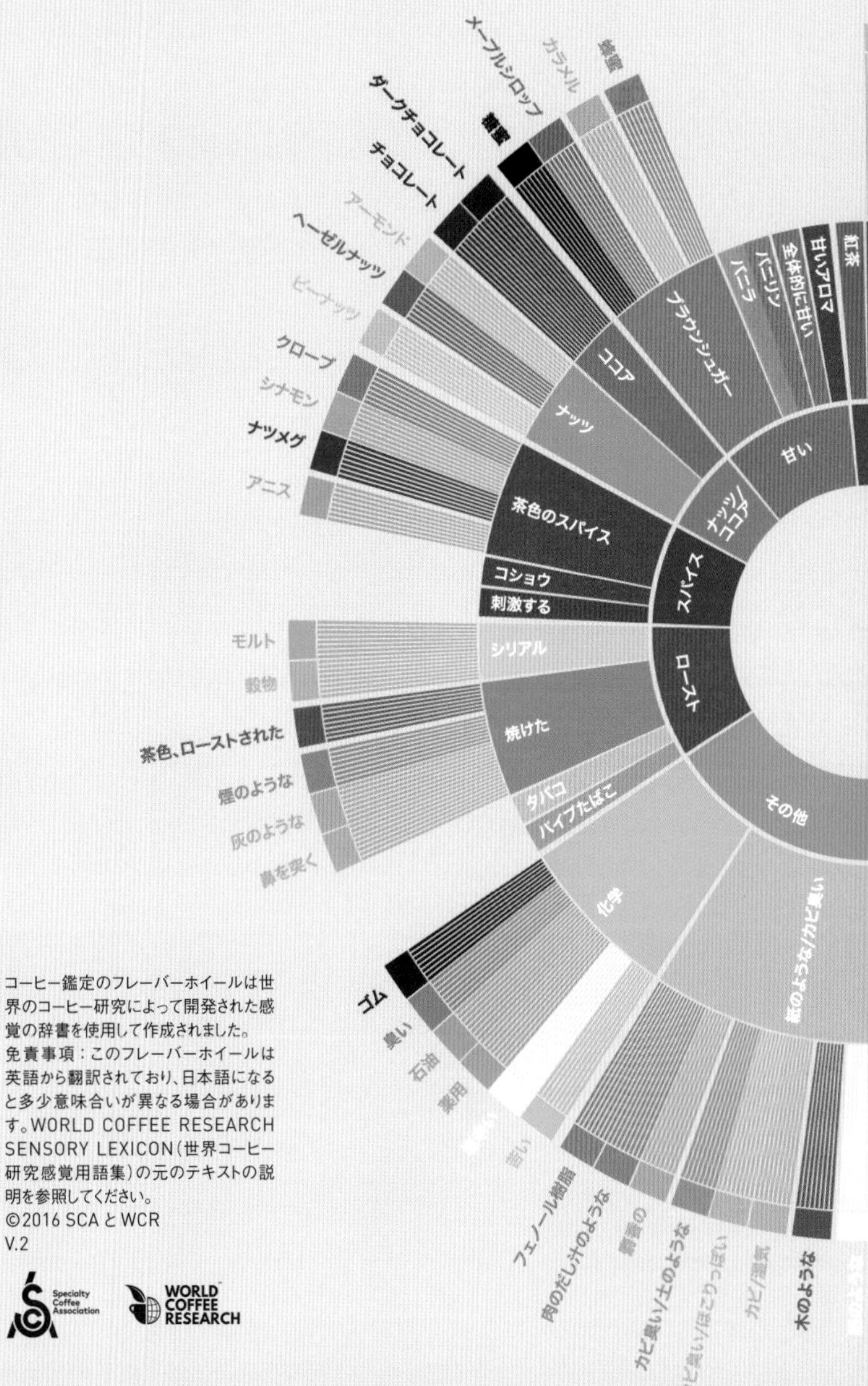

コーヒー鑑定のフレーバーホイールは世界のコーヒー研究によって開発された感覚の辞書を使用して作成されました。
免責事項：このフレーバーホイールは英語から翻訳されており、日本語になると多少意味合いが異なる場合があります。WORLD COFFEE RESEARCH SENSORY LEXICON（世界コーヒー研究感覚用語集）の元のテキストの説明を参照してください。

Specialty Coffee Association　WORLD COFFEE RESEARCH

本気で味わう塩味、酸味、甘さ、質感、苦味、雑味

6個のグラスに分けて抽出

パート2の冒頭で、コーヒーには、塩味、酸味、甘さ、タクタイル（質感）、苦味、雑味などを感じさせる成分が入っているという話をしました。ここでは、それら一つ一つをより明確に感じ取ることができるテイスティングの実例を紹介しましょう（134〜135ページ参照）。

用意するものは、グラスを6個。あとは通常のペーパードリップの道具です。コーヒー粉は20グラム、お湯は300ccを使います。湯温は85℃です。

この300ccのお湯を、20グラムの粉をセットしたドリッパーに注ぎながら、1個目から5個目のグラスに60ccずつを目安に落としていきます。6個目のグラスは5個目に落と

し終わった後に、ドリッパーを置いておくためのものです。

1個目から5個目まで、お湯は途切れることなく一定の量で注ぎ続けるのがポイントです。一つのグラスのドリッパーの上で30秒程注いだら、すぐに横のグラスの上にドリッパーを移動して、またそこで30秒程度注ぐという具合に進めます。

5個目の上で注ぎ終わったら、6個目のグラスの上にドリッパーを置きます。6個目のグラスには、5個目の上で注いだ分の残りの抽出液が落ちます。

グラスごとの味の違いを実感

グラスに落ちたコーヒー液の色を見ると、初めの方は濃度が非常に高く、徐々に薄くなっているのがわかると思います。見た目から判断すると、濃度が高いほどコクがあるように見えるかもしれませんが、そうではないことは、実際に飲んでみるとわかります。

1個目のグラスの液は塩味と酸味を、2個目のグラスは舌がキュッと縮むような酸っぱさを強く感じます。その中に若干の甘さが見え隠れします。

3個目のグラスになると穏やかな酸味やフローラル、甘さなどが増えてきます。飲み込

私から見て左から右のほうへ、60ccずつをお湯を落としていきます。

START

一つ目のグラスはコーヒー粉にお湯が吸収されるので少なめです。

お湯は中断することなく、一定の量を注ぎ続けるのがポイントです。

6個目のグラスには5個目の上で注いだ分の残りの抽出液が落ちます。

んだあとのアフターテイスト（余韻）も長くなってきます。

4個目になると、酸味はまだ少し残っていて、甘さや苦味と同時にタクタイル（質感）も感じるようになります。フレーバーとは別の「とろみ」のような感覚です。

5個目になると、さらに苦味やタクタイルを感じるようになりますが、それとは別にこれまであまり感じなかった雑味が出てきます。出がらしのようなオフフレーバーと合わせて舌が乾くような「アストリンジェント」や、喉に引っかかるような「ドライ」も出てきます。

この傾向は6個目のグラスになるとさらに大きくなります。

ここでは6個のグラスを使ってテイスティングを行いましたが、もっとグラスの数を増やしていけば、こうした味の変化をさらに細かく感じることができます。

グラスの液を混ぜてテイスティング

1個目から6個目までの抽出液の味の違いを実感できたら、次はそれぞれのグラスの抽出液を混ぜて、それをテイスティングしていきましょう。

まず、1個目と2個目を混ぜると、少ししょっぱくて、酸っぱい味になります。濃厚な液だけど、強い刺激を感じ、あまりおいしいものではありません。

そこに3個目の液を混ぜてみると、かなりフレーバーを感じるものになりますが、コーヒーとしてはまだ未抽出で、成分が足りない印象は続いています。

さらにそこに4個目の液を混ぜてみると、しょっぱさが気にならなくなり、タクタイルが感じられるようになります。アフターテイストも長くなりました。ただ、酸はまだシャープで、キュッとする感じが残っています。

5個目の液を混ぜると、テイストとしては十分おいしいものになりました。一方で、出がらしっぽいフレーバーが少し出はじめている印象です。

6個目の液を混ぜると、これまで鮮明に見えていたフレーバーが曇ってしまいました。いわゆるオフフレーバーが出た状態です。

以上が、抽出の過程で出てくるコーヒーの味の違いのテイスティングの実例です。塩味、酸味、甘さ、タクタイル、苦味、雑味などをより明確に認識できるとともに、一杯のコーヒーはそれらいろいろな成分が混ざり合っていることを実感できると思います。テイスティングのスキル向上にもつながるので、ぜひやってみてください。

COLUMN

コーヒーとスイーツのペアリング

おいしいコーヒーを追求していく中で、コーヒーの「フードペアリング」についてもっと知りたくなり、コーヒーや料理に関するいろいろな本や資料を読んでみました。

しかし、その多くが深煎りのコーヒーを前提に語られていたり、ざっくりとした内容に留まっていたりして、個人的に物足りなさを感じていました。

私が扱っているのは、多彩なフレーバーを持つスペシャルティなコーヒーです。そんな特別においしいコーヒーを前提にした、より積極的なペアリングの道筋をつけることができれば、コーヒー専門店だけでなく、ケーキ屋さんやレストランなど、街の至るところでスペシャルティコーヒーを味わってもらえる機会がもっと増えるはずです。

というわけで、このコラムでは、スイーツや食後のデザートに合わせるスペシャルティコーヒーのペアリングについて、いろいろ考察していきたいと思います。

まずは、ペアリングの定義です。

ペアリングというのはとても便利な言葉で、どんな組み合わせでも「これがペアリングです」と言ってしまえば、何となく成立してしまうところがあります。

特にコーヒーやスイーツは嗜好品なので、「自由に楽しめばいい」というフワッとしたところがあります。

実際、私がこれまで体験してきたペアリングでも、「本当にこの組み合わせは合うのかな」とか、「これは、本当に引き立て合ってるのかな」など、ちょっと疑問に思うようなものが多かった気がします。

世間一般でよく言われているペアリングのセオリーに、「似たような系統の味を合わせてバランスを取る」というものがあります。しかし、それをコーヒーでやってみると、けっこう違和感があるのです。

例えば、ラズベリーのソースをまとっているチョコレートケーキを食べる場合、ケーキには既にしっかりとした甘さや酸味の強さがあるのに、そこにラズベリーっぽさやベリー系の酸味が特徴的なコーヒーを合わせたとしても、コーヒーのほうの甘さや酸味は、ケーキのそれより圧倒的に弱いので、どうもいい感じにマリアージュされません。ペアリングとして成立しにくいと感じるのです。

そのため、「同系統のものを合わせるのがいい」というペアリングのセオリーは、スペシャルティコーヒーには必ずしも当てはまらないのではないかと思います。

それよりも、コーヒーが持っているフレーバーや酸味の質が、ケーキが持っている別の要素とマッチしたときのほうが、ペアリングとしては成功する場合が多くなります。

これは、日本酒やワインの世界でいうところの「口内調味」と同様ではないかと思います。異なる風味を持つ食べ物や飲み物が、口の中で組み合わされることで、新しい味や香りへと変化することを指しますが、私はこれこそがスペシャルティコーヒーのフードペアリングの真髄なのではないかと考えます。

口内調味にはいろいろな意味がありますが、私が特にフォーカスしたいのは、コーヒーとフードを同時に口に入れたときに「新しい味を生み出すこと」、そして「隠れていた味を引き出すこと」です。


そのような意識を持って、私が普段よく通う埼玉県のパティスリー3店（春日部の「オークウッド」、武蔵浦和の「アプラノス」、北浦和の「アカシエ」）のケーキと、私が焙煎したいろいろな種類のコーヒーのペアリングを試みました。

ペアリング①

cake

宇治／オークウッド

いちばん上が抹茶の生クリーム、その下にかのこ豆入りの抹茶ムース、その下に練乳のムースとチョコのスポンジがあります。

pairing

coffee 1

エチオピア ウォッシュド

エチオピアのウォッシュドは、ブラックティーやフローラルの印象がある浅煎りです。ケーキの抹茶の芳香とフローラルがマッチして、新しいジャスミンティーのようなフレーバーに変化。「抹茶＋コーヒー＝フレーバーティー」になるというのは、予想を超えた非常に面白い発見でした。

pairing

coffee 2

ホンジュラス アナエロビック ゲイシャ

ホンジュラスのアナエロビックは、ちょっとリキュール感があるコーヒーです。チョコとの相性が抜群で、ケーキを縦に切って食べたとき、抹茶とチョコにまるでブランデーを垂らしたような印象になりました。トロピカルフルーツのような軽くて明るい酸も、ケーキの甘さのいい引き立て役です。

ペアリング②

cake

ガトーオペラ ヘーゼルナッツ／アプラノス

香ばしいヘーゼルナッツの香りが楽しめるフランスの伝統菓子“オペラ”。バタークリームとミルクチョコレートでアレンジしてあります。

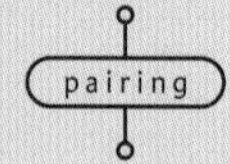

coffee

グァテマラ、ほかオールマイティ

ミルクチョコの油分とナッツの香りが、ウォッシュド、ナチュラル、浅煎り、深煎り問わず、すべてのコーヒーとマッチしました。特に、グァテマラのようなほのかな乳香のあるコーヒーと合わせると、バタークリームとヘーゼルナッツ、ミルクチョコのフレーバーがさらに引き立ちます。ケーキ自体には酸の要素が少ないのですが、そこをコーヒーの酸が絶妙に補ってくれます。

ペアリング③

cake

アリババ／アカシエ

たっぷりのラム酒シロップに浸した発酵生地に濃厚なカスタードクリーム、ラム酒漬けレーズンがアクセントのクラシックな菓子。

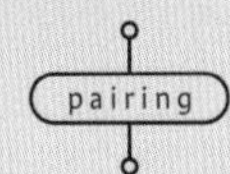

coffee

エチオピア レッドハニー

カラメルのような苦味と甘み、まとわりつくような甘い香りを持つラム酒は、度数が高く、強度もあるので、マイルドなコーヒーではコーヒーの味そのものがかき消されてしまいます。その点、エチオピアのレッドハニーは、ラム酒の強度に負けない強いフレーバーで、このケーキにスイートスパイスの要素をプラス。まるでスパイスド・ラムのような味わいになりました。

「宇治」　オークウッド（141ページ）

「宇治」は、かき氷の宇治金時をヒントに生まれたという抹茶のケーキです。ここにブラックティーやフローラルの印象があるエチオピアのウォッシュドをペアリングしてみると、口の中で新しいフレーバーが生まれました。エチオピアが持つフローラルの香りと、抹茶が持つお茶の香りの方向性がうまくマッチして、まるで新しいジャスミンティーのような予想を超える味わいが出てきたのです。

さらに、ホンジュラスのアナエロビック（183ページ参照）をペアリングしてみると、アナエロビック特有のリキュール感が、チョコのスポンジ部分と抜群の相性を発揮し、まるでブランデーを垂らしたかのような複雑なフレーバーを生み出しました。さらに、コーヒーの程良い酸味が、まったりしたケーキの風味を明るくするのも印象的です。

一方、深煎りのコーヒーは、チョコのスポンジ部分といかにも合いそうなのですが、深煎りの苦味と抹茶の苦味が組み合わさったことで、より苦味が強調され、その分甘さが引っ込んでしまうような印象を感じました。

「ガトーオペラ　ヘーゼルナッツ」　アプラノス（142ページ）

「ガトーオペラ」は、フランス発祥の伝統菓子。オーストリアの「ザッハトルテ」と並んで、

「チョコレートケーキの王様」とも言われるスイーツです。

このケーキは、ミルクチョコの油分とナッツの香りが、ウォッシュド、ナチュラルを問わず、すべてのコーヒーにマッチしました。酸の要素が少ないのも、コーヒーのフレーバーを問わないポイントです。特に相性ぴったりだったのが乳香が感じられるグァテマラでした。

大抵のケーキには、合わないコーヒーが必ず一つはあるのですが、このケーキはまさに万能。みなさんもぜひ、自分が好きなコーヒーと合わせてみてください。

「アリババ」 アカシエ（143ページ）

「アリババ」は、パリの老舗パティスリー「ストレー」発祥のケーキ。ラム酒シロップに浸した発酵生地に、濃厚なカスタードクリーム、ラム酒漬けレーズンをあしらう一品です。

このケーキに負けないフレーバー強度を持っていたコーヒーは、エチオピアのレッドハニーでした。アニス（甘い香りが特徴的なハーブの一種）のようなスイートスパイスが、このケーキと合わさったことでスパイスド・ラム（香辛料を利かせたラム酒）を思わせる雰囲気になりました。エチオピアのレッドハニーは、チョコ感やベリー、ブドウっぽいフレーバーにもよく合いそうです。

コーヒーのカッピングにチャレンジ

ドリップに比べて抽出のブレが少ない

コーヒーの味や香りなどの品質を評価するのに「カッピング」という方法があります。これは、コーヒーの粉を入れたカップにお湯を注いで、そこに抽出されるコーヒー液で味や香りを評価する方法です。

お湯の注ぎ方などで味や香りに違いが出やすいドリップに比べ、粉をお湯で漬け込むだけのカッピングは、**毎回同じ条件でコーヒーの抽出がしやすい（抽出のブレが少ない）**ので、コーヒーを評価する方法としていろいろな現場で使われています。

例えば、コーヒーの生産者やインポーターが、生産地で生豆（なままめ）を鑑定するためだったり、ロースターが焙煎を行った際に適切にできたかどうかを確認したり、カフェのバリスタが提供するコーヒーの豆のコンディションをチェックしたりなど、プロがカッピングを行っ

コーヒーをカッピングする目的

1

生産者・インポーター

コーヒー豆の生産者やインポーターが生豆の品質をチェックするためにカッピングを行います。小型のサンプルロースターを使って焙煎を行います。

2

ロースター（焙煎士）

ロースターが焙煎を行う際の品質管理のためにカッピングを行います。焙煎は豆の状態や管理状況、季節などで変化するので、細かなチェックが必要です。

3

カフェなど

バリスタなど、お客さんにコーヒーを提供する人が、その日に使う豆のコンディションやフレーバーなどをチェックするためにカッピングを行います。

コーヒー愛好家

コーヒーの愛好家がコーヒー豆のフレーバーなどを比較するときにカッピングを行います。ドリップに比べて抽出にブレがないので、特徴がよくわかります。

ているシーンを目にしたことがある人も多いと思います。

本書でも、154ページで紹介する「トライアンギュレーション」や、160ページ以降で紹介するブレンドの作り方で、カッピングを使っています。コーヒー愛好家の方であれば、カッピングでコーヒー豆の特徴を比較してみるのも楽しいと思います。

香りと味の両方を丁寧にチェックする

カッピングにはいくつかのやり方がありますが、ここでは私の方法を紹介します。

まず、テイスティングする豆の種類の分だけカップを用意します。私は容量220ccのデュラレックスのグラスを使います。ここにコーヒーの粉を10グラムずつ入れるのですが、挽き目は中細挽きくらいがおすすめです。

この状態で乾いた粉の香りをチェックします。これを「ドライ」と言います。感じた香りの印象は、メモに残すようにしましょう。

香りのチェックが終わったら、100℃のお湯をグラスの縁まで注いでいきます。湯量は180ccくらいです。すべてのカップにお湯を注ぎ終えたら、1分後を目安に香りをチェックします。これを「クラスト」と言います。このときの印象もメモにとります。注ぎはじめから4分経ったら、液面に浮かんでいる粉を沈めるようにカッピングスプーンで撹拌しながら香りをチェックします。これを「ブレイク」と言います。グラスの上のほうをスプーンで3回軽く回しながら撹拌します。

すべてのカップのブレイクが終わったら、液面に浮かんでいる灰汁（細かい粉や泡）を取っていきます。カッピングスプーンを二つ使うと、効率的に取ることができます。

灰汁を取り終えたら、少し時間を置いてテイスティングをはじめます。カッピングスプーンでカップの液面からコーヒーをすくい、口を近づけて勢いよく吸い込みます。口の中で霧状になって、口と鼻の全体でフレーバーを感じられるのが理想です。

フレーバーや質感をチェックしたら、吐き出し用のカップにコーヒーを吐き出しますが、吐き出さずに飲み込んでしまっても問題ありません。あとはスプーンをお湯ですすいで、ほかのカップも同様にテイスティングします。

テイスティングで感じるフレーバーは、コーヒーの温度によっても変わってきます。一度テイスティングしたカップも、冷めたら別の印象になることがあるので、何度かチェックしてみるといいでしょう。

1

それぞれのカップに違う豆の粉10グラムを入れます。挽き目は中細挽きです。私は容量220ccのグラスを使います。

2

カップに鼻を近づけて、粉の香りをチェックします。これを「ドライ」と言います。感じた香りの印象をメモしておきましょう。

3

100℃のお湯をカップの縁のところまで、約180cc注いでいきます。どのカップも同じ湯量にするのがポイントです。

4

お湯を注いでから1分くらい経ったら、カップから立ち上る香りをチェックします。これを「クラスト」と言います。

5

お湯の注ぎはじめから4分が経ったら、液面に浮かぶ粉をスプーンで撹拌します。これを「ブレイク」と言います。

6

「ブレイク」はカップの上のほうを軽く3回、回転させて撹拌します。このとき香りもチェックします。

7

ブレイクするときは、カップごとのコーヒーが混ざらないように、お湯ですすいでクロスなどで水分を取りましょう。

8

ブレイクが終わったら、液面のほうに灰汁が浮いてきます。これをカッピングスプーンですくって捨てましょう。

9

灰汁は2本のカッピングスプーンを使うと効率的に取れます。カップを移るときはお湯ですすぐようにします。

10

お湯の注ぎはじめから10分程度経ったらテイスティングをはじめます。カッピングスプーンで液面からコーヒーをすくいます。

11

スプーンを口元に持っていって勢いよく吸い込みます。口と鼻の全体にフレーバーが広がるような感じが理想です。

12

味をチェックしたら、吐き出し用カップに吐き出します。あとはスプーンをすすぎながら、ほかのカップもチェックします。

COLUMN

三つのカップの中から仲間外れを探す

121ページの「トレーニングで味覚や嗅覚を鍛える」で「トライアンギュレーション」について紹介しました。ここでは、その具体的なやり方を解説します。

このトレーニングではAとBの2種類の豆の粉と、三つのカップを使います。

Aの粉を二つのカップに、Bの粉を一つのカップに入れたら、カッピングの要領でお湯を注ぎます。4分経ってブレイクしたら、液面に浮かぶ灰汁を取ります。

お湯を注いでから10分ほど経ったら、三つのカップのどれがAかBかの判別がつかないようにしてシャッフルします。あとはどのカップがAで、どのカップがBなのかをカッピングで当てます。いわば「仲間はずれ当て」のゲームです。

私は、このトレーニング法を日々実践し、SCAJ（日本スペシャルティコーヒー協会）が主催する「ジャパン カップテイスターズ チャンピオンシップ」という競技会で好成績を収めています。

言うまでもありませんが、このトレーニングは、AとBの豆が似ていないほど正解しやすく、似ているほど正解しにくくなります。

トライアンギュレーション triangulation

1

AとBの2種類のコーヒー粉を用意して、二つのカップにA、一つのカップにBの粉を入れたら、そこにお湯を注ぎます。

2

カップの底にAかBのシールを貼っておいて、自分がどれが正解なのかわからない状態でカップをシャッフルします。

3

香りをかいでみたりカッピングスプーンでテイスティングしたりして、どれがAで、どれがBなのかを判定します。

例えば、Aの豆がブラジルのナチュラルで、Bの豆がエチオピアのウォッシュドのような場合は、比較的簡単に正解できるかもしれません。

逆に、AもBも同じ国の同じ農園の豆で、精製方法が少し違うくらいだと、なかなか当てるのは難しいかもしれません。

それでもこのトレーニングを続けていると、だんだんコツを覚えて、どんな豆でも簡単に正解してしまうようになります。

そうなってきたら、次はAとBをブレンドして、その配合比率の違いで問題を作るといいでしょう。なにせブレンドなので、味や香りは非常に近しいものになります。

はじめのうちは、AとBの比率を「8：2」と「2：8」くらいにして、次は「7：3」と「3：7」、その次は「6：4」と「4：6」というぐあいに、徐々に配合比率を近づけていきます。

このようにして難易度を調整しながらトレーニングすることで、味覚がどんどん鍛えられるのと同時に、さまざまな豆のフレーバーについての理解も深まっていくと思います。

PART 4

深みにハマる
ブレンドの魔法

豆をブレンドする目的とブレンドのやり方

ブレンドは店の看板商品になる

ブレンドコーヒーを作る目的は、大きく分けると四つあると思っています。

一つ目は、「店の看板商品になる」ということ。店の名前がついたブレンドは、やっぱりお客さんとしても手に取りやすいですし、店としても「自分の味」を打ち出して、デイリーに買ってもらえるというところがあります。

二つ目は、お店の経営的な事情になりますが、取り扱う豆の種類が豊富になるほど、想定よりも売れなくて、余ってしまうケースが出てきます。

そんなとき、ちょっと多めに残りそうな豆を早めに消費するために、その豆をベースにしてブレンドコーヒーを作るということがあるようです。

三つ目は、価格の調整のためのブレンドです。これには二つのタイプがあって、一つは

ブレンドを作る目的は主に4つ

1

店の看板商品になる

店の名前を冠する、味をイメージしやすい名前をつけるなど、親しみやすい定番商品を作ることで、お客さんにリピートしてもらえます。

2

在庫調整ができる

当初の想定よりも売れ残ってしまった豆をベースに、劣化する前にブレンドして販売することで、在庫の調整をすることができます。

3

価格の調整ができる

特徴的なフレーバーを持つ高級な豆に、価格が安めの豆をブレンドすることで、お客さんが手に取りやすい価格にすることができます。

4

味の表現ができる

価格の制約や在庫調整などの事情に縛られることなく、焙煎士や抽出する人が思い描くフレーバーを表現するためのブレンド。

価格を安く抑えるためのブレンド。要するに、少し安いコーヒー豆を使っておいしく仕上げるタイプ。これはお客さんも手に取りやすくて、おサイフにもやさしい。もう一つは、とても香り高くて甘さもあるけれど価格が高い豆に、比較的価格が安い豆を配合することで価格をならしてやるタイプです。

四つ目は、味作りのためのブレンドです。ここまで挙げた三つのブレンドも、もちろん味作りは考えているわけですが、この四つめは、価格や在庫などはひとまず度外視して、とにかく**「自分がおいしいと思う味やフレーバー」のために作るブレンド**です。

こうした店や焙煎士が表現するアーティスティックなブレンドが、最近少しずつ流行ってきています。私が志向しているのも、この四つ目のブレンドです。

ブレンドの作り方はカッピング方式で

ブレンドの作り方には、いろいろな方法がありますが、私はカッピング（146ページ参照）で液体のコーヒーの組み合わせをちょっとずつ変えながら、自分が意図する調合を作っていくというやり方をしています。

まず、ブレンドする粉をカップに入れ分けて、それぞれにお湯を注ぎ、4分経ったらブレイク(撹拌)をして、表面の泡を取り除いたらカッピングの準備は完了です。

次に、それぞれの豆が、どんな味わいがあるのかをカッピングします。それぞれの味がわかったら、各コーヒー液をスプーンですくって空のカップの中でブレンドし、その味を確かめていきます。はじめは各液とも同量の1対1の比率で調合してみて、徐々にその比率を変えながら味の違いを確認していきます。

調整のポイントはいろいろありますが、私が特に注目するのは「酸の種類」や「酸の強度」「酸と甘さのバランス」などです。

カッピングしたコーヒー液を調合しながら、「少し酸を際立たせたほうが輪郭がはっきりするから、酸味が強いこちらの豆をちょっとだけ増やしてみよう」とか、「ちょっと酸味が強い豆を増やしたから、今度は甘い香りのある豆を少し増やすことで調和をとってみよう」といった具合に進めていきます。

配合が決まったら、最後に焙煎の度合いやプロファイルを微調整します。3種類、4種類、ときには5種類以上の豆を混ぜることもあります。逆に、焙煎度合いが異なる1種類の豆だけで仕上げることもあります。

この方法は、いろいろな組み合わせをテイスティングしながら調整できるので、最も効率がいいと思います。手当たり次第なところもありますが、細かな調整をすることができたり、ときには思いも寄らない結果が生まれたりして、自分としては気に入っています。

プレミックスか、アフターミックスか

もう一つ、ブレンドの方法で、「プレミックス」「アフターミックス」というポイントがあります。生豆の状態で混ぜてから焙煎するのが「プレミックス」、焙煎した後に火の入り具合などを見極めながら配合を少しずつ調整するのが「アフターミックス」です。業務効率的には圧倒的にプレミックスのほうが手間がかからないので、多くのお店の売れ筋のブレンドは、プレミックスで作られていることが多いと思います。

一方、扱う豆の種類が多い店で、たまに「マスターの気まぐれブレンド」のような商品を見かけることがありますが、そういう豆は、おそらくアフターミックスでブレンドされている場合が多いと思います。私も、競技会などで使うこだわりの豆は、アフターミックス方式でブレンドしています。

ブレンドを作るときは
複数の豆をカッピングして
それぞれのコーヒーを
混ぜ合わせることで
配合を決めていきます

自由な発想で広がるブレンドの味わい

表現のためのアーティスティックなブレンド

私の店では、毎月の定期便という形で「イノベーティブ・ブレンド」という豆を販売しています。私がコンセプトを持って焙煎、ブレンドした豆を、毎月定額で発送するコーヒー豆のサブスクです。ユーザーに豆が届いて数日が経過したくらいのタイミングで、「YouTube」や「インスタグラム」を使って「イノベーティブ・ブレンドの試飲会」を生配信しています。この配信では、その月のブレンドの特徴、抽出のポイント、フレーバーなどについて解説しています。みなさんからのコメントや質問にもその都度対応しています。

この「イノベーティブ・ブレンド」では、これまでさまざまなブレンドを作ってきました。その一例（8種類）をここで紹介します。ブレンドに使用した豆の種類や配合比率、カッピングしたフレーバーについては170～173ページ以降にまとめてあります。これらの例を参考に、ご自分でも自由な発想でブレンド作りを楽しんでみてください。

エチオピア・ナチュラル・ブレンド

スペシャルティコーヒーの世界では、産地、農園、製法など、コーヒー豆のトレーサビリティ（追跡性）が進み、単一銘柄（シングルオリジン）の特性（テロワール）を、より明確に味わえるようになりました。これはもちろん素晴らしいことですが、一方で「昔のエチオピアは、もっと複雑な味がしておいしかった」という人もいます。

確かに、現在のようにエリアや農園が細分化される前は、さまざまな生産地の豆が一緒くたになって出荷されていたはずで、そういう意味での複雑性を感じられたのかもしれません。そんな「昔のエチオピア」を意図的に再現するという狙いで、ナチュラル精製のエチオピア5種類を配合したのがこのブレンドです。フレーバー強度が高いわけではないのですが、優しい中にいろいろな果実や花、スパイスが感じられるものになりました。

ブルーミング・ブレンド

春の花の象徴と言えば「桜」ですが、そこをあえて「藤」の花の紫や白をイメージしました。春のように清々しく柔らかなフレーバーで、過ごしやすい晴れの日にも、気分が落ちる雨の日にもどちらにも合うような、そんな味を目指しました。ブレンドした豆は、エチオピア・ウォッシュドとエチオピア・ナチュラルにペルーのウォッシュドです。

ポイントになるのはペルーです。ペルーの配合比率を高めてスパイシーさが強く出てしまうと、目指したものとは全く違う表情になってしまうし、逆にペルーが少ないとアクセントに欠ける。何度も配合をやり直して、フレーバーの奥の方にこっそり見え隠れするペルーの塩梅を見つけだすのに苦心しました。

スイート&ウォームス・ブレンド

イノベーティブ・ブレンドは、浅煎りの豆と中深煎りの豆を月替わりで交互にリリースするようにしています。このブレンドはホンジュラス、ニカラグア、グァテマラ、ケニアの中深煎りの豆を使い、「焙煎による味作り」（192ページ参照）にフォーカスしました。ニカラグアとグァテマラは、ＣＯＥという品評会で選ばれた豆です。

そんな高品質な豆を、中深煎りでぜいたくに配合。中深煎りながらきちんと甘さが出るように、豆の外と中の色を近づけるように焙煎を調整しました。シングルオリジンだと単調になりがちなところですが、ブレンドによって複雑性を確保しました。

チョコ&ナッツ&フルーツ・ブレンド

酸や甘さといったフレーバーではなく、「質感」に軸を置いたブレンドです。トロトロでズシッとした重厚感を目指しました。

トロッとした質感が出やすい標高が低めのブラジル豆をベースに使用。それだけだとフレーバーはチョコ感やナッツ感だけで終わりがちなので、そこにフルーティーで華やかなエチオピアやケニアを配合しました。ブラジル自体にもトロピカルなフレーバーのある豆を選んでいます。

栗の季節においしいモンブランケーキとのマリアージュを意識しているので、「モンブラン・ブレンド」と呼ぶのもいいかもしれません。

エルパラ・パラダイス・ブレンド

コロンビアにエルパライソという世界的に有名な農園があります。そのエルパライソのレッドプラム、ライチ、トロピカル、ピンクブルボンという四つの豆を使ったブレンドを作りました。

エルパライソ農園は、基本的に「カスティージョ」という品種を使って、ロットごとに精製方法で味を変えてきます。ただ、カスティージョのみのブレンドだと、ベースの味は変わらない印象がありました。そこで、「ピンクブルボン」という別の品種を混ぜてみました。結果、味の複雑性を持たせつつ、まとまりがある印象のブレンドになりました。

フルーツティー・ブレンド

このブレンドのポイントになるのは、ホンジュラス・エルプエンテ農園の「ジャバ」という品種（184ページ参照）です。細長い形をしたこの豆は、単体で飲むとまるでウーロン茶やジャスミン茶のような中国茶っぽい特徴的なフレーバーを感じさせます。

そんな中国茶テイストの豆に、フルーティーさを持つエチオピアのウォッシュドやイエメンのナチュラルをブレンドすることで、フルーツティーの味わいが出来上がりました。飲み込むときにキラキラとした爽やかな酸を感じます。やや硬度が高めのミネラルウォーターで淹れると、いい甘さが出やすくなる印象です。

ザッハトルテ・ブレンド

オーストリア発祥のチョコレートケーキ「ザッハトルテ」のフレーバーを、コーヒーで再現することを目指しました。「ザッハトルテ」は、チョコレートの層の間にあんずなどの果実のソースをサンドしてある濃厚な酸味と甘みが感じられるケーキです。

ブラジル、インドネシア、エチオピア、ホンジュラスのナチュラル精製の豆に、ハニー精製のエルサルバドルの豆を加えました。焙煎度合いは中深煎りの入り口あたりです。

ミルキーさとフルーティーさもありつつ、リキュールっぽい大人味も感じます。重厚なチョコレートケーキのフレーバーを、ノーカロリーで堪能できるブレンドです。

レットアップ・ブレンド

レットアップ（let up）とは、「緩まる」とか「止む」という意味の英語です。長かったコロナ禍による暮らしの制限が緩和に向かい、いい季節が訪れるであろう喜びをブレンドで表現しました。エチオピア、エルサルバドル、インドネシア、ニカラグア、ホンジュラス、グァテマラと、豆の種類が多いので、焙煎も難しくなり、豆を取る場所によっても少しフレーバーが異なるのですが、それも面白いところです。

エチオピア・ナチュラル・ブレンド

使用豆	配合比率
エチオピア ゴンチチ(ナチュラル)	2
エチオピア グジ(ナチュラル)	1
エチオピア マシャ(ナチュラル)	1
エチオピア コンガ(ナチュラル)	1
エチオピア ゲルシ(ナチュラル)	0.5

数あるエチオピア・ナチュラルの中から、高品質な生豆のみを選び、それらをブレンドすることで、意図的に複雑性を増し、バランスよく仕上げた「現代版エチオピア」。カッピングフレーバーはぶどう、フローラル、ベリー、オレンジ、アップル、チョコ、プラム、コンプレックス、スイートスパイス。

ブルーミング・ブレンド

使用豆	配合比率
エチオピア ゴラ・コン(ウォッシュド)	2
エチオピア ゴンチチ(ナチュラル)	1.5
ペルー サン・エヴァリスト(ナチュラル)	1

しなやかさと妖艶さを兼ね備えた紫色の藤と、清廉さと気品のある白色の藤を表現するために、紫や白の印象のあるペルー・ナチュラルとエチオピア・ウォッシュドに、エチオピア・ナチュラルの柔らかな甘さをブレンド。カッピングフレーバーはバイオレット、フローラル、ホワイトグレープ、白桃、ベリー。

スイート&ウォームス・ブレンド

使用豆	配合比率
ホンジュラス（ウォッシュド）	1
ニカラグア（ハニー）COE	0.5
グァテマラ（ウォッシュド）COE	0.5
ケニア（ウォッシュド）	0.5

中深煎りながらきちんと甘さが出るように風味を残しつつ、豆の外と中の色を近づけるように焙煎を調整。シングルだと単調になりがちなところをブレンドで複雑性を確保。フレーバーはオレンジ、ショコラ、ブドウ、カシス、ローステッドアーモンド、プラム、スイートスパイス。

チョコ&ナッツ&フルーツ・ブレンド

使用豆	配合比率
ブラジル（ハニー）	1
エチオピア（ナチュラル）	0.6
ケニア （ウォッシュド）	0.5

「質感のデザイン」を意識したブレンド。モンブランケーキとうまくマリアージュするように、ブラジルの重厚感のあるボディに加えてアフリカ由来の豆で酸をプラス。カッピングフレーバーはビターチョコ、ぶどう、プルーン、カシス、ローストアーモンド。

エルパラ・パラダイス・ブレンド

使用豆	配合比率
コロンビア エルパライソ トロピカル	1
コロンビア　エルパライソ ピンクブルボン	1
コロンビア　エルパライソ ライチ	0.7
コロンビア エルパライソ　レッドプラム	0.5

※精製方法はすべてダブルアナエロビック

高い品質と独自の発酵や乾燥技術で世界的人気を誇るコロンビアのエルパライソ農園。そんなエルパライソ農園の複数の精製と品種(カスティージョ、ピンクブルボン)を掛け合わせて、重層的な味わいや酸を目指したブレンド。カッピングフレーバーはプラム、レーズン、キンモクセイ、ミルキー、アップル、ゆず。

フルーツティー・ブレンド

使用豆	配合比率
ペルー(ウォッシュド)	1
ホンジュラス (ジャバ／アナエロビックナチュラル)	1
エチオピア(ウォッシュド)	1
イエメン(ナチュラル)	0.5

ホンジュラスのジャバという品種が持つ中国茶のような風味を生かして、そこにフルーティーさを持つエチオピアやイエメンをブレンド。カッピングフレーバーはフローラル、オレンジ、ベリー、ピーチ、ハニー、トロピカルフルーツ、チャイニーズティー。

ザッハトルテ・ブレンド

使用豆	配合比率
ブラジル（ナチュラル）×2	2：1.5
インドネシア（ナチュラル）	1.5
エチオピア（ナチュラル）	1
エルサルバドル（ハニー）	1
ホンジュラス（ナチュラル）	1

ザッハトルテ（濃厚なチョコレートにアプリコットジャムの酸味が効いたオーストリア・ウィーン発祥のチョコレートケーキ）をイメージしたブレンド。カッピングフレーバーはチョコレート、カシス、ベリー、アプリコット、アーモンド。

レットアップ・ブレンド

使用豆	配合比率
エチオピア（ウォッシュド）	1.3
エルサルバドル（パカマラ／ナチュラル）	1.3
インドネシア （ナチュラル）	1
ニカラグア（ウォッシュド）	1
ホンジュラス（ハニー）COE	1
グァテマラ（アナエロビックウォッシュド）	0.5

レットアップ（let up）とは、「緩まる」とか「止む」という意味の英語。長かったコロナ禍がようやく過ぎ去り、いい季節の訪れの喜びをブレンドで表現。カッピングフレーバーはトロピカルフルーツ、フローラル、アップル、グレープ、熟したプラム、チョコレート。

コーヒー豆のおいしい保存法について

焙煎後1週間から2ヵ月の間がおいしい

ここからはコーヒー豆の保存について解説しましょう。

コーヒー豆は、「焼きたて、焙煎したてがおいしい」というイメージを持っている人がいるかもしれませんが、実は、そうとも限りません。

焙煎したての豆はガスをたっぷり含んでいるので、お湯を注いだときにコーヒーの粉とお湯がうまく接触できず、成分が抽出されにくいと言われています。そのため、焙煎後に常温で数日寝かせる「エイジング」が必要とされるのが一般的です。

なかには、新鮮さを売りにしていて、「焙煎のその日からおいしいですよ」という店もあるかもしれませんが、一般的には焙煎の日から3日、4日経ったぐらいから、ようやくおいしくなりはじめ、エイジングの具合が少し落ち着く、だいたい焙煎後1週間〜2週間あたりが飲み頃の開始時期といわれています。豆にもよりますが、そこからひと月半後くらいまで、つまり焙煎後から2ヵ月くらいまでがおいしく飲める期間だと思います。

アルミ蒸着の袋に入れて冷凍庫で保管

では、なぜ焙煎後2ヵ月以降はおいしくなくなってしまうのでしょうか。

実は、コーヒーの劣化の要因は、四つあります。

一つ目は「酸化」、二つ目は「湿気」、三つ目は「紫外線」、四つ目は「ガスとともに香気成分が抜けていってしまうこと」です。

この四つの劣化要因をなるべく起こらないようにしてやれば、劣化の進行を遅らせることができ、2ヵ月経った後もおいしく飲めるということになります。

この四つの劣化要因は、温度が高い環境で起こりやすくなるため、エイジングが落ち着いた後は、できる限り低温の環境で保管するのがおすすめです。家庭でいちばん低温の場所といえば？ そう、冷凍庫です。冷蔵庫ではなくて冷凍庫で保管します。

では、冷凍庫に入れるときの容器はどうするのか？ という話になりますが、これは密封ができることがとても重要です。その際、市販の冷凍保存バッグはおすすめしません。なぜならしっかりと密封できないからです。コーヒー豆を冷凍庫で保存をするときは、**お店で豆を買うときにもらえる保存袋がおすすめ**です。

お店でもらえる保存袋は、けっこう高機能なものが多く、表面にアルミ蒸着が施されていて外気が侵入するのを防いでいるだけでなく、逆止弁のバルブによって、豆から発生したガスを外に逃がす仕組みになっています。外気が入らないので豆の酸化を防げて、光も通しにくいので、紫外線の影響を極力避けることもできます。

こういうコーヒー豆用の高機能な保存袋は、中身を使い切った後も捨てずにとっておけば、そういう袋に入っていない豆を買った場合でも、豆を移し替えて保管に使えるので便利です。

ですから、エイジング後はコーヒー保存袋に入れたまま冷凍庫に保管して、コーヒーを淹れるたびに必要な分の豆だけ取り出すようにするのがおすすめです。

注意したいのは**「結露」**です。コーヒーを淹れるために保存袋を開けるとき、中の豆がとても冷たい状態になっているので、空気中の湿気が袋の中に入り込んで豆が結露します。これが何回も続くと、袋の中の湿気が増えて、豆を劣化させる要因になるので、豆はできるだけ素早く取り出し、あとは袋の口をすぐ閉めて、冷凍庫に戻すようにしましょう。

また、「コーヒー豆は凍らないんですか」と、よく聞かれますが、豆の中に一応、水分は少し入っているので凍らなくはありませんが、気にするほどではありません。冷凍庫から取り出したら、解凍することなく、すぐに挽いて抽出することができます。

キャニスターやストッカーは酸化が進みやすい

前述のように、保管時はアルミ蒸着のコーヒー保存袋がおすすめですが、世の中にはコーヒー豆の保存用をうたうキャニスターやストッカーなどがいろいろ出ています。これらの保存容器をすでに使っているという人も多いでしょう。特に、ガラスやアクリルなどの透明のボトルにコーヒー豆を入れて並べているお店もよく見かけます。

私がなぜ、このような容器を使わないかというと、先に挙げたように豆の劣化の要因である「酸素」「湿度」「紫外線」の影響を受けるからです。

容器の中のコーヒー豆の入っている部分よりも上は、すべて空気になります。どんなにその容器の密閉の度合いが高かったとしても、物理的に空気が入ってしまうので、そこに含まれる酸素は、下にあるコーヒー豆をどんどん酸化させていってしまいます。

「容器に満タンに豆が入っていれば、酸化しないのでは？」と思われるかもしれませんが、そんなことはありません。コーヒー豆の中や、豆と豆のすき間にはかなりの空気が存在しているので、物理的に空間が存在する容器の中では、満タンに豆を入れたとしても、どうしても一定量の空気が残ってしまいます。

その点、先におすすめした逆止弁付きのアルミ蒸着の袋であれば、淹れる分の豆を取り出した後も、ギュッと押し出してやることで、中の空気を少なくすることができます。

ただし、コーヒーの保存袋を冷凍庫で保管する際に気をつけたいのは、ほかの食材からの匂い移りの可能性があることです。これが気になる場合は、保存袋をキャニスターなどの保存容器に入れて、その状態で冷凍庫保管するといいでしょう。ただし、豆の量や保存容器のサイズによっては、冷凍庫の中でかなり場所を取ることになるので、スペース効率を考えた保存容器選びなどが必要になるかもしれません。

PART 5

焙煎を知れば、コーヒーはもっとおいしい

好みの豆は焙煎度合いから探すのが近道

浅煎り、中煎り、深煎りのどの味が好き？

この章ではコーヒーの焙煎について解説しますが、その前に、コーヒー豆の選び方について、少し触れておきましょう。

コーヒー豆を選ぶ際は、まず生産国がどこかを気にすることが多いと思いますが、私はむしろ、「焙煎度合い」から絞り込んでいくほうが選びやすいのではないかと思います。

焙煎度合いとは、コーヒーの生豆への加熱量の度合いのことで、浅煎り、中煎り、深煎りの三つが基本です。

この三つの焙煎度合いを、コーヒーの味の傾向で大まかに分類すると、①フルーツティーやローズヒップティーのようなコーヒーが好きなら「浅煎り」、②ローストした香りやビター感、チョコレートのようなコーヒーが好きなら「深煎り」、③浅煎りと深煎りの中間で、酸味や苦味、甘さなどをバランスよく味わいたいなら「中煎り」となります。

だから、たとえ同じブラジルで生産された豆であっても、浅煎りと中煎り、深煎りでは、全然味が異なるのです。はじめに「生産国縛り」をしてしまうと、好みではない豆を選んでしまったり、自分の好みに合う別の国の豆に出会う機会を逃してしまったりすることになりかねません。

まずは自分が好きな味は①、②、③のどれなのかを考えてみて、その焙煎度合いに近い豆から絞り込んでいくほうが、好みの豆に出会う近道になると思います。

精製方法や処理方法でも味が違う

焙煎度合いの次に気にしたいのは、豆の「精製方法」と「品種」です。

精製とはコーヒーの果実から生豆を取り出すまでのプロセスのことで、大きく「ウォッシュド」「ナチュラル」「ハニー」(パルプドナチュラル)の三つの方法に分かれます。

ウォッシュドは、コーヒーの果実の外皮や果肉を取り除いた後に「ミューシレージ」と呼ばれる粘液質を分解・水洗いして乾燥、脱穀する方法です。粘液質を取り除くので、癖の

コーヒー豆は「焙煎→精製→品種」の順で選ぶ

焙煎度合い	浅煎り	フルーツティーやローズヒップティーのような味わい
	中煎り	酸味や苦味、甘さなどを併せ持つ中間的な味わい
	深煎り	ローストした香りやビター感、チョコレートのような味わい
精製方法／処理方法	ウォッシュド	粘液質を取り除いて乾燥。癖のないクリアな味わい
	ハニー	半水洗式。ウォッシュドとナチュラルの中間的な味わい
	ナチュラル	発酵したような甘い香りが出やすい
	アナエロビック	トロピカルフルーツやリキュールなどの独特のフレーバー
品種	ゲイシャ	甘く爽やかな、ジャスミン茶のようなフローラル
	エチオピア原種	甘いフローラルやフルーティーさが特徴的
	SL28／SL34	柑橘、カシス、桃、アプリコットを思わせる特徴的な酸味
	ジャバ	中国茶や緑茶を思わせる、ちょっと甘く、重ためな印象

ない、クリアな味わいのコーヒーになります。

ナチュラルは、コーヒーの果実をそのまま天日干しなどで乾燥して脱穀するという昔ながらの方法です。水洗いすることなく乾燥させるので、発酵したような甘い香りが出やすい半面、乾燥させる環境の違いや処理の仕方で味が変わる方式でもあります。

ハニー（パルプドナチュラル）は、半水洗式とも呼ばれます。ウォッシュドで行う粘液質を取り除くプロセスを行わない、あるいは少なめにした状態で乾燥、脱穀させる方法です。こちらはウォッシュドとナチュラルの中間的な味わいになります。

この三つの方法とは別に、精製の過程で行われる「アナエロビック」という処理も注目です。こちらは嫌気性（酸素のない状態で活発に活動する）の微生物の働きで発酵を促す処理で、この発酵によってトロピカルフルーツやレッドグレープ、リキュール、カカオなどを思わせる独特のフレーバーを生み出します。精製の工程中の豆を入れた密閉容器に二酸化炭素を注入して行う「カーボニックマセレーション」という処理も、アナエロビックの一種です。

これらの精製や処理方法が販売されている豆のラベルなどに書かれている場合は、その情報からどんなフレーバーの豆なのかを類推することができます。

フレーバーが特徴的な四つの品種

もう一つ注目したいのが、豆の「品種」。コーヒー豆の品種は非常に数多くあるのですが、特に知っておいて欲しいのは、「ゲイシャ」「エチオピア種（エチオピア原種、エチオピア由来）」「SL28／SL34」「ジャバ」の四つです。この四つは、とても特徴的なフレーバーを持つので、豆選びの際のポイントになると思います。

「ゲイシャ」は、甘く爽やかなジャスミンのようなフローラルが特徴的。希少性が高く、高級な品種として知られています。

「エチオピア種」は、もともとエチオピアに育っていた品種グループのことで、フローラルの甘い香りやフルーティーさが特徴です。

「SL28／SL34」はケニアのスコット・ラボラトリーが開発した干ばつ土壌での生育に向く品種で、シトラス（柑橘）、カラント（カシス）、ストーンフルーツ（桃、アプリコットなど）を思わせる酸の特徴を持っています。

「ジャバ」は、中国茶や緑茶を思わせる、ちょっと甘く、重ためな印象の品種になります。

生豆のおいしさを引き出すプロの焙煎テクニック

生豆に化学変化を起こさせる三つの目的

「コーヒー豆の焙煎」とは何でしょう。ここからはちょっと専門的になりますが、焙煎の理解が深まれば、もっとおいしいコーヒーに近づけるので、ぜひお付き合いください。

私が考える焙煎の目的の一つは、**コーヒーの生豆に化学変化を起こさせること**です。どんな化学変化なのかというと、**①酸味を作る**、**②香りを作る**、**③ネガティブな味を出さないようにする**、という三つの変化のことを指しています。

①の酸味ですが、生豆を煮出したり炊いたりして何度も飲んでみた私の経験で言うと、生豆にはほぼ酸味はありません。植物っぽくて青臭い感じが強く出ていて、とても飲めたものではないのですが、そんな生豆に焙煎で熱を加えていくと酸味が出てきます。さらに

熱を加えることで酸味は徐々に増えて、一定のところまでいくと減っていきます。

②の香りも、酸味と同様、焙煎で熱を加えることで出てきます。中には特徴的ないい香りがする生豆というのもありますが、基本的に生豆は、青臭い、植物っぽい香りがほとんどです。それが焙煎による化学変化によって徐々にほかの香りが現れてくるのです。

③のネガティブな味わいを出さないようにするというのは、124ページで解説したアストリンジェント、ドライなどの成分です。これらは焙煎の進行とともに消すことができたり、発生そのものを未然に防いだりすることができます。

浅煎り、中煎り、深煎りの状態とは

焙煎の初期というのは、まだ生豆に近い状態なので、あまり味がしません。そこから焙煎を進めていくにつれて、徐々に酸味が出てきます。これが「浅煎り」の状態で、そこから少しずつ焙煎が深くなっていくにつれて酸味は緩やかに下降していきます。その一方で上がってくるのが苦味です。苦味というのは、いわゆるプリンのカラメルと似たような感じで、色がつけばつくほど苦くなっていきます。

1

2

3

4

[1] 私が店で使っているフジローヤルの直火型の焙煎機は、1回に2～4kgの豆を焙煎することができます。

[2] 焙煎中はテストスプーンでドラムの中の豆を取り出して、色や香りで焙煎の進み具合を確認します。

[3] ドラムの中の温度を見ながら焙煎を進めます。本機の場合、浅煎りは200℃あたりが目安です。

[4] これは排気ダンパーです。ここを調整することによってドラムからの排気量の調整を行います。

だから、焙煎の仕方にもよりますが、苦味がほとんどなくて酸味が強い状態というのが「浅煎り」、苦味と酸味が共存しているのが「中煎り」、もしくは「中深煎り」といわれる状態です。さらに酸味がほとんどなくて苦みが強いのが「深煎り」の状態となります。

酸味、香り、苦味を生み出す二つの反応

これが基本的な焙煎の進行で、豆の色も緑色から茶色、黒へとどんどん変わっていきます。このときに起きている主な化学変化は、「カラメル化反応」と「メイラード反応」というものです。この二つの化学変化によって、酸味や香りを作り出します。

「カラメル化反応」は、豆の温度が１００℃以上の温度帯で徐々に起こります。生豆に含まれるショ糖などの糖分が徐々に褐変していく（色づいていく）化学変化です。

「メイラード反応」は、糖分とアミノ酸が結合して茶色になったり、香りがよくなったりする化学反応。カラメル化反応と同じくらいの温度帯で起こるのですが、実はこちらの反応は常温でも起こります。例えば、長期熟成の味噌や日本酒の古酒なども製造の過程で色が黄色や茶色になってきます。これは緩やかなメイラード反応によるものです。

このカラメル化反応とメイラード反応が同じ温度帯の豆で同時に起こって、コーヒーの酸味や香りの成分を生み出します。この成分の種類は非常に多くて、分類するのがとても難しいのですが、人間はその違いを感覚的に捉えて、嗅ぎ分けたり、飲み分けたりして「おいしい」とか「まずい」とか言っているわけです。

ネガティブを温度コントロールで抑える

次に、ネガティブを出さないようにする方法について解説します。

コーヒーを口に含んだとき、とろみがあるのに**舌が乾くようなザラザラした感覚になるのが「アストリンジェント」**です。これはコーヒー豆に含まれる**クロロゲン酸**が要因と言われていますが、そのクロロゲン酸が消失するのは、豆の温度がだいたい160℃以上からと言われています。

焙煎では、大体200℃から230℃くらいまで豆の温度が上がります。浅煎りだと200℃前後まで、深煎りだと220℃から230℃くらいです。ならば、クロロゲン酸は余裕で消失するのかというと、そう簡単ではありません。豆の表面温度は200℃

まで達していても、その温度が豆の中心部まで達しているとは言い切れないからです。

この表面と中の温度差を想定したうえで、例えば160℃から温度を長めにキープしてやるなどのコントロールがネガティブを抑えるうえでは必要になるのです。

これはクロロゲン酸だけでなく、喉に引っかかりを感じさせる「ドライ」の原因となるトリゴネリンについても同様（ただし焼失温度は異なる）のことが言えます。

「抽出のされやすさ」のコントロールも可能

以上が、焙煎の目的の一つである化学変化ですが、実は、それ以外にも焙煎でコントロールしている要素があります。それは、「抽出のされやすさ」です。

抽出のされやすさというのは、生豆を焙煎することで、いかに細胞壁をもろい状態にできるかということを指しています。豆は、焙煎していく過程でどんどん膨張します。ということは、細胞壁も伸びて薄くなっていきます。つまり、パキッと壊れやすくなるのです。そのため、浅煎りより深煎りのほうが抽出のされやすさは上になります。

50ページでも述べましたが、コーヒー豆の細胞壁が壊れやすくなると、細胞の中に水が

焙煎中はテストスプーンで
ドラムの中の豆を取り出して、
色や香りで焙煎の
進み具合を確認します

入って、コーヒーの成分が水に溶け出しやすくなります。一方、細胞壁が壊れにくいと、水は染み込みますが、中の成分が溶け出しにくくなったり、時間がかかったりします。そのため、先述したいくつかの化学変化を達成するのと同時に、壁の壊れやすさもコントロールする必要があります。

このあたりことを理解しておくと、「この豆は何だか味が出ないな＝抽出されにくい焙煎だな」と感じたら、「じゃあ挽き目をちょっと細かくしてみよう」とか「お湯の温度を上げてみよう」といったアプローチができるようになるわけです。つまり、焙煎についての理解が深まれば、豆を挽いたり、抽出したりするときの意識も変わってくるのです。

豆の表面と中心の温度差で「味作り」をする

もう一つ、調整できる要素が、豆の表面と中心部の温度差を利用した「味作り」です。

豆の表面と中心部で温度差があるということは、豆の成分の化学変化の起こり具合にも差ができてきます。だから豆をどういうふうに焼いていくのか、どのくらいの温度帯で、どのくらいの内外温度差をつけるかで、味に違いを出すことができるのです。

豆の表面と中心部の温度差で味をコントロール

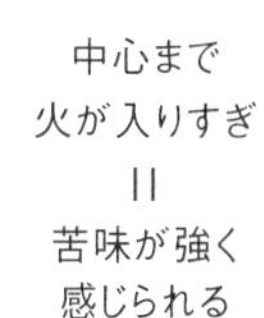

中心まで
火が入りすぎ
＝
苦味が強く
感じられる

中心部が
まだ生焼け
＝
青臭さなどを
感じる

外側と中心の
温度差が少ない
＝
フレーバーに
一体感がある

外側と中心の
温度差が大きい
＝
苦味から酸味まで
複雑性がある

極端な例ですが、表面は230℃までいっているけれど、中心は200℃で留まっている豆Aの場合、1粒の豆の中には200度から230度までの味が含まれてることとなります。片や、表面が230℃で中心が220℃の豆Bは、220℃から230℃までの味しか含まれていないというわけです。

そのため、同じ230℃で焙煎をストップ（釜揚げ）しても、AとBとでは味がかなり異なります。

Aの中心部は焙煎がそれほど進行していないので、酸味が残っていますが、Bは中心部の焙煎もすっかり進んでいるので、全体に酸味はあまりなく、苦味や甘みなどがメインになります。

ただ、「複雑なほど味がいい＝温度差があるほうがいい」かというと、そうでもありません。例えば表面が浅煎りで、中心部との温度差が開いてると、今度はネガティブな成分が残ってしまいます。逆に温度差が少なければ、フレーバーがしっかり発達した豆に仕上がります。

だから、どちらがいいということは一概には言えませんが、このあたりのコントロールの意識を持つことが、焙煎士の腕の見せどころだと思います。

というわけで、かなり専門的でしたが、焙煎とは何かについて解説してきました。

まとめると、焙煎の目的には、「酸味や香りを出す」「ネガティブな成分を出さないようにする」「抽出のされやすさをコントロールする」「豆の外側と内側の温度差によって味作りをする」といったことがあるということです。

自分で焙煎することはないという人でも、こういう焙煎のポイントを知識として頭に入れておくと、コーヒーを抽出する際の調整にも役に立つと思います。

PART 6

抽出器具別
おすすめレシピ

抽出器具別の淹れ方のポイント

透過式はスピーディ、浸漬式はゆっくり

96ページで「ドリッパーによって味の方向性が変わる」という解説をしましたが、ここからは、さまざまなドリッパーを使った、私のオリジナルの抽出レシピを紹介していきましょう。ペーパーフィルターを使用するハリオやカリタ、オリガミなどのドリッパーに加え、人気が高まっているフレンチプレスやエアロプレスのレシピも紹介します。

コーヒーの抽出には「透過式」と「浸漬式」という二つの方式があります。

「透過式」は、ポットから注がれたお湯が、コーヒーの粉を通過しながら、主に重力によってサーバーに落ちていく方式です。注湯する勢いで粉に撹拌を起こすので、抽出力が上がり、比較的スピーディに抽出が完了します。抽出されたコーヒー成分はペーパーフィルターなどで濾されるので、粉っぽさのないクリアな仕上がりになります。本書でメインに淹

れ方を解説してきた「フラワードリッパー」は、この透過式です。

これに対し、「浸漬式」は、コーヒー粉をゆっくりお湯に漬け込んで、成分を溶け出させる方式です。じっくりと時間をかけるので、使う豆の特徴がまるごと出やすく、テクニックに左右されない安定した抽出が可能です。フレンチプレスやエアロプレスのほか、以降のページでレシピを紹介する一部のドリッパーも、浸漬式の要素を備えています。

例えば、メリタの「アロマフィルター」やハリオの「スイッチ」、カリタの「ウェーブドリッパー」は、ドリッパーの底面にある穴が小さかったり、塞いだりする機構が付いているので、ドリッパー内のお湯持ちをよくして、粉を浸漬状態にすることができます。

これに対し、ハリオの「V60」や「オリガミドリッパー」は、底面にある大きな一つ穴からスピーディに抽出液が落ちていきます。これをお湯抜けがいいと言います。お湯が早く抜けるので、ポットからお湯を落とす回数やタイミング、湯量、撹拌の起こし方などで味を調整しやすくなりますが、やや抽出の知識やテクニックも必要になります。

抽出器具の使いこなしによって、コーヒーの味はいかようにでも変わりますが、それがコーヒーの難しさでもあり、面白さでもあります。ぜひ、いろいろな器具を使ってコーヒーの抽出を楽しんでみてください。

抽出器具別レシピ①　ハリオ V60

ハリオのV60は、国内外に愛用者が多い円すい型ドリッパー。内壁にある渦巻き状の突起がリブ（溝）を形成します。

形状や一つ穴の大きさなどはCAFECのフラワードリッパーに近いので、「基本のレシピ」と同じブリューレシオ、湯温、挽き目で、5投式で淹れていきます。

フラワードリッパーと差があるとすれば、5投目から最後までのコーヒー液の落ち方です。最後に湯だまりができやすいので、フラワードリッパーに比べて少しだけテイストが丸くなる印象があります。

recipe

ハリオ V60 レシピ

材料

[コーヒー粉量] 15グラム(中粗挽き)

[お湯] 230cc(85℃)

	時間	注湯量	累計の湯量
1投目	0秒		
		+30cc	
2投目	30秒		30cc
		+90cc	
3投目	1分		120cc
		+40cc	
4投目	1分20秒		160cc
		+40cc	
5投目	1分40秒		200cc
		+30cc	
抽出完了	2分20秒		230cc

V60は「基本のレシピ」で使用しているフラワードリッパーと同じ円すい型ドリッパーなので、淹れ方も同じ流れになります。お湯抜けもスピーディですが、フラワードリッパーよりも少しだけ長めになる傾向です。

ペーパーフィルターをセットしたら、お湯を回しかけて紙の匂いを取ります。これはほかのドリッパーも同様です。

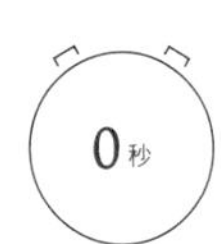

1投目。15グラムの粉に対して蒸らしの湯量は30ccです。真ん中から外側に向かって円を大きくしながら注ぎます。

30秒が経過したら2投目の90ccを注湯します。真ん中を多め、外周を少なめに注ぎ、最後に真ん中に戻ります。

3投目の40ccを注湯。2投目と同様に中心から外側に円を広げ、さらに中心に戻りながらまんべんなく粉を撹拌します。

1分20秒
経過

4投目の40ccを注湯。ここからお湯をやや太めにします。中心から500円玉くらいの大きさの円に注ぐようにします。

1分40秒
経過

5投目の30ccを注湯。トータルで230ccを注ぎ終わったら、粉面が見えるまで待ちます。これで抽出完了です。

抽出器具別レシピ②

メリタ　アロマフィルター

世界で初めてペーパーフィルター式のドリッパーを開発したのがメリタです。1投もしくは2投でお湯を注いだら、あとは底面にある一つ穴からコーヒー液がゆっくりと落ちるのを待つだけという浸漬式の要素を持つドリッパーで、比較的手間をかけずに、おいしく淹れられるのが特徴です。

1投目は45ccというやや多めのお湯を注ぎます。ここで1分間という長めの蒸らし時間を取ることで、抽出の序盤で多く出やすい酸の割合を多くして、全体的な味の輪郭をはっきりさせます。

recipe

メリタ アロマフィルター レシピ

材料

[コーヒー粉量] 15グラム(中粗挽き)

[お湯] 230cc(85℃)

	時間	注湯量	累計の湯量
1投目	0秒		
		+45cc	
2投目	1分		45cc
		+185cc	
			230cc
抽出完了	2分30秒 ～3分00秒		230cc

1投目に45ccを注湯し、1分間蒸らすことで、抽出の序盤に多く出やすい酸の要素をしっかりと引き出します。2投目を一気に注ぐと撹拌が大きくなりすぎるので、ゆっくりとだ円形に注湯していきます。

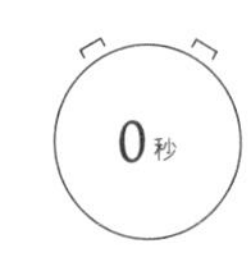

ペーパーをリンス（湯通し）したら中粗挽きの粉を投入し、1投目の45ccを注湯します。

蒸らし時間は「基本のレシピ」の30秒の倍の1分です。この段階で酸の要素が多く引き出されます。

1投目の注ぎ始めから1分が経過したら、2投目の185ccを注湯します。

一気に勢いよく注ぐのではなく、ドリッパーの形状に合わせてだ円形にやさしく注湯していきます。

この2投目で全量の注湯が完了です。一つ穴なのでお湯抜けはゆっくりです。浸漬と透過の要素を併せ持っています。

豆にもよりますが、抽出液が落ちきるまでに2分30秒～3分くらいかかります。

抽出器具別レシピ③

ハリオ　スイッチ

スイッチの上げ下げで底部にあるステンレス球が移動し、お湯が抜ける穴を塞いだり開けたりできるドリッパーです。穴を塞ぐと浸漬式になるので、抽出の均一化が図れ、透過式に比べて失敗が少なくなります。

1投目は穴を塞いだ状態で、やや高めの88℃の湯温でしっかりと蒸らします。これで未抽出の酸味が出にくくなります。

2投目と3投目は穴を開けた状態で注湯し、4投目は再び塞いで注湯します。ここは浸漬式で抽出力が弱まるため、雑味が出にくいというメリットがあります。

recipe

ハリオ スイッチ レシピ

材料

[コーヒー粉量] 15グラム(中粗挽き)

[お湯] 230cc(88℃)

	時間	注湯量	累計の湯量
1投目	0秒	クローズ	
		+30cc	
2投目	30秒	オープン	30cc
		+90cc	
3投目	1分		120cc
		+40cc	
4投目	1分20秒	クローズ	160cc
		+70cc	
	1分50秒	オープン	230cc
抽出完了	2分30秒		230cc

浸漬式を使うので、透過式のドリッパーに比べて味の輪郭が弱くなる傾向があります。それを避けるために88℃という少し高めの湯温を使います。1分50秒で穴を開いて、浸漬した液が落ちきるのを待ちます。

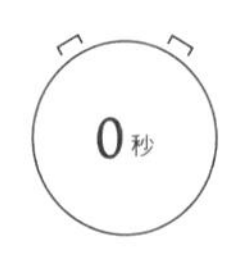

スイッチを平らな位置にすると、ステンレス球が穴を塞いで浸漬状態になります。ここで1投目の30ccを注湯します。

1投目の注ぎ始めから30秒が経過したらスイッチを下げて穴をオープン状態にします。

2投目の90ccを注湯します。お湯の注ぎ方は「基本のレシピ」と同様に、真ん中から外側、真ん中へと円を描きます。

1分で3投目の40ccを注湯。このときは底面の穴はまだ開いた状態です。

1分20秒でスイッチを平らにします。ここで4投目の70ccを投入して、そのまま浸漬状態で1分50秒まで置きます。

1分50秒でスイッチを下げて穴を開きます。そのままサーバーに液が落ちきったら抽出完了です。

抽出器具別レシピ④

カリタ　ウェーブ

フラットな円形の底面に三つの穴が開いた円筒形のドリッパーが、カリタのウェーブです。専用のペーパーフィルターにある20個の波状のドレープがリブの役割を果たすという仕組みです。

フラットな底面は湯抜けがゆっくりめになるので、やや多めの湯量でしっかり蒸らします。それ以降は輪郭がぼんやりした感じにならないように、4投式にしてパキッと明確なテイストに仕上げます。

銅やステンレス、ガラス、陶器など、いろいろな素材が選べるのも魅力です。

recipe

カリタ ウェーブ レシピ

材料

[コーヒー粉量] 15グラム(中粗挽き)
[お湯] 230cc(85℃)

	時間	注湯量	累計の湯量
1投目	0秒		
		+45cc	
2投目	30秒		45cc
		+85cc	
3投目	1分		130cc
		+50cc	
4投目	1分30秒		180cc
		+50cc	
			230cc
抽出完了	2分30秒		230cc

ウェーブフィルターは紙の匂いがちょっと気になるので、私は2回のリンスをマストにしています。底面がフラットなので、コーヒー粉の層が薄く、お湯を注いだときに底面に当たった水流の反発を受けやすくなります。撹拌が強くなりすぎないように、やさしく注湯するようにします。

ペーパーは紙の匂いが気になるので、2回のリンスがおすすめです。粉を投入したら1投目の45ccを注湯します。

蒸らし時間は30秒です。底がフラットな構造なので粉の層は薄めですが、このドリッパーの場合はお湯抜けはゆっくりめです。

30秒で2投目の85ccを注湯します。粉の層が薄いので、底面からの水流の反発を受けないようにやさしく注ぎます。

1分で3投目の50ccを注湯します。底のほうに湯だまりができてきます。

1分30秒
経過

1分30秒で4投目の50ccを投入します。上のほうまでお湯が溜まってきます。

5投式は撹拌されすぎるので、4投式で撹拌回数を減らすことで雑味の抽出を抑えます。2分30秒を目安にドリッパーを引き上げて抽出完了です。

抽出器具別レシピ⑤

オリガミドリッパー

折り紙を折ってパッと開いたようなスタイルのドリッパーです。折り目の一つ一つがリブの役割を果たします。

リブの数は20個で、ここにはカリタのウェーブフィルターがピタリと収まります。側面からお湯が抜けにくく、粉にまんべんなくお湯が行き渡ります。ドリッパーの底に大きな一つ穴があるおかげで、粉の下の層からのお湯抜けはスピーディです。

円すい型のペーパーフィルターをセットすることも可能で、ウェーブフィルターとは違った味わいになるのも魅力です。

recipe

オリガミドリッパー レシピ

材料

[コーヒー粉量] 15グラム(中挽き)

[お湯] 240cc(85℃)

	時間	注湯量	累計の湯量
1投目	0秒		
		+30cc	
2投目	30秒		30cc
		+90cc	
3投目	1分		120cc
		+120cc	
			240cc
ここでドリッパーを2、3回スピンする			
抽出完了	2分00秒		240cc

ウェーブフィルターを使うレシピです。リブにフィットするので水位が上がりやすく、抽出力が下がるので、粉は中挽きです。3投目を注湯したらスピン(ドリッパーを2、3回水平に回す)して粉をそぎ落とします。

ウェーブフィルターがリブにぴったり収まります。中挽きの粉に1投目の30ccを注湯します。

蒸らし時間は30秒。フィルターの底はフラットですが、ドリッパー自体のお湯抜けはスピーディです。

30秒で2投目の90ccを注湯します。注ぎ方は「基本のレシピ」と同様、真ん中から外側、そして真ん中へと戻ってきます。

水分を含んだフィルターが壁にピタリとくっつき、横から薄い液が抜ける「サイドバイパス」が起こりにくい構造です。

1分0秒
経過

1分で3投目の120ccを注湯します。全量で240ccと、少し多めに注湯するのは、成分が濃く出る傾向があるためです。

粉残りがある場合はドリッパーを水平に回して（スピン）、粉を落とします。中挽きなので雑味が出る前に2分で抽出を完了します。

抽出器具別レシピ⑥

ボダム ケニア

コーヒーの粉を長時間お湯に漬け込んで成分を抽出するフレンチプレス式のコーヒーメーカーです。フレンチプレスは浸漬式の代表的な抽出器具で、豆が持つ成分をまるごと引き出すので、濃厚でボディ感のあるコーヒーが楽しめます。

中粗挽きの粉を15グラム投入したら、蒸らしなしで96℃のお湯を250cc注ぎ、4分経ったらスピン（水平に2、3度回す）します。そのあとに4分から5分くらい置いて、粉が沈むのを待ちます。微粉が舞うのでプランジャーは下げません。

recipe

ボダム ケニア レシピ

材料

[コーヒー粉量] 15グラム(中粗挽き)

[お湯] 250cc(96℃)

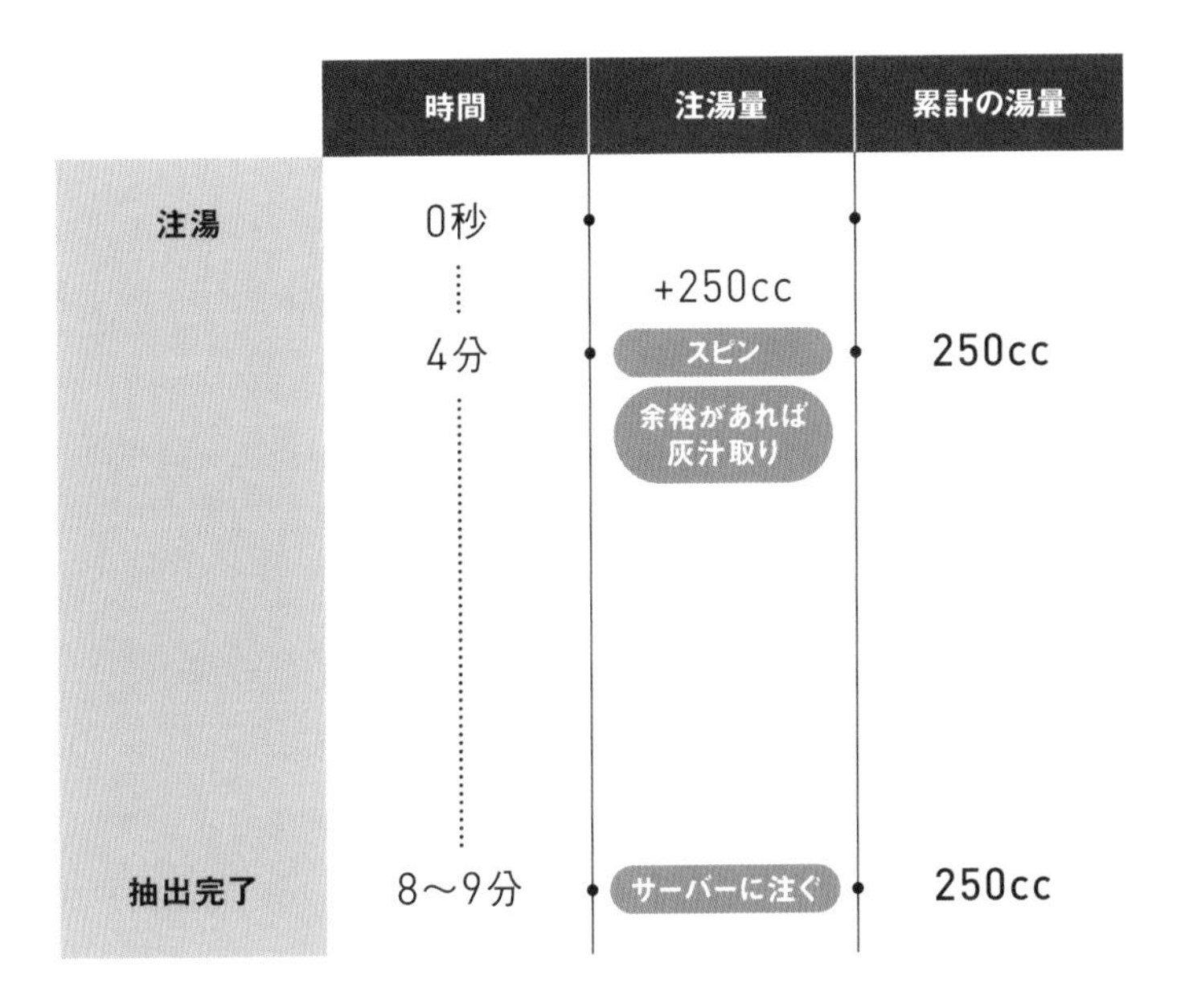

	時間	注湯量	累計の湯量
注湯	0秒		
		+250cc	
	4分	スピン 余裕があれば灰汁取り	250cc
抽出完了	8〜9分	サーバーに注ぐ	250cc

挽き目は中粗挽きで、96℃の湯温でしっかりと成分を抽出します。4分経ったらケニアの取っ手を持ってクルクルとスピンします。そこから4〜5分置いて粉が下に沈んだら、微粉が入らないようにサーバーに注ぎます。

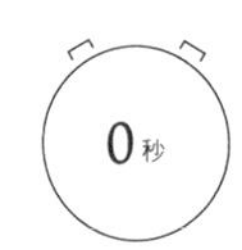

15グラムの中粗挽きの粉に250ccのお湯を注ぎます。蒸らしは必要ありません。

粉から盛大にガスが発生し、粉や泡が液面に浮かび上がってきます。そのままふたをかぶせて4分待ちます。

4分が経ったら、ケニアの取っ手を持って水平方向にくるくると回します。

余裕があればカッピングスプーンで液面に浮かぶ灰汁を取ります。

ふたをかぶせてプランジャーを液面近くまで下げたら、粉が下に沈んでいくのを待ちます。豆によりますが、4〜5分が目安です。

粉が下に沈んだら、微粉が入らないように静かにサーバーやカップに注いで抽出完了です。

抽出器具別レシピ⑦

エアロプレス

浸漬式によって成分が溶け出したコーヒー液を、手でプレスしてペーパーフィルターから抽出するのがエアロプレスです。フレンチプレスとペーパードリップのいいとこ取りで、浸漬式ながら粉っぽさのないクリアな味わいを実現します。

ここで紹介するのは、汎用性が高く、浅煎りも深煎りも対応できるレシピです。エアロプレスに付属するパドル（ヘラ）やスプーンを使って攪拌する必要もありません。キャンプなどでも淹れやすいので、ぜひ活用してみてください。

recipe

エアロプレス レシピ

材料

[コーヒー粉量] 浅煎り・13.5グラム／深煎り・13グラム（中挽き～細挽き）

[お湯] 230cc（浅煎り・85℃／深煎り・90℃）

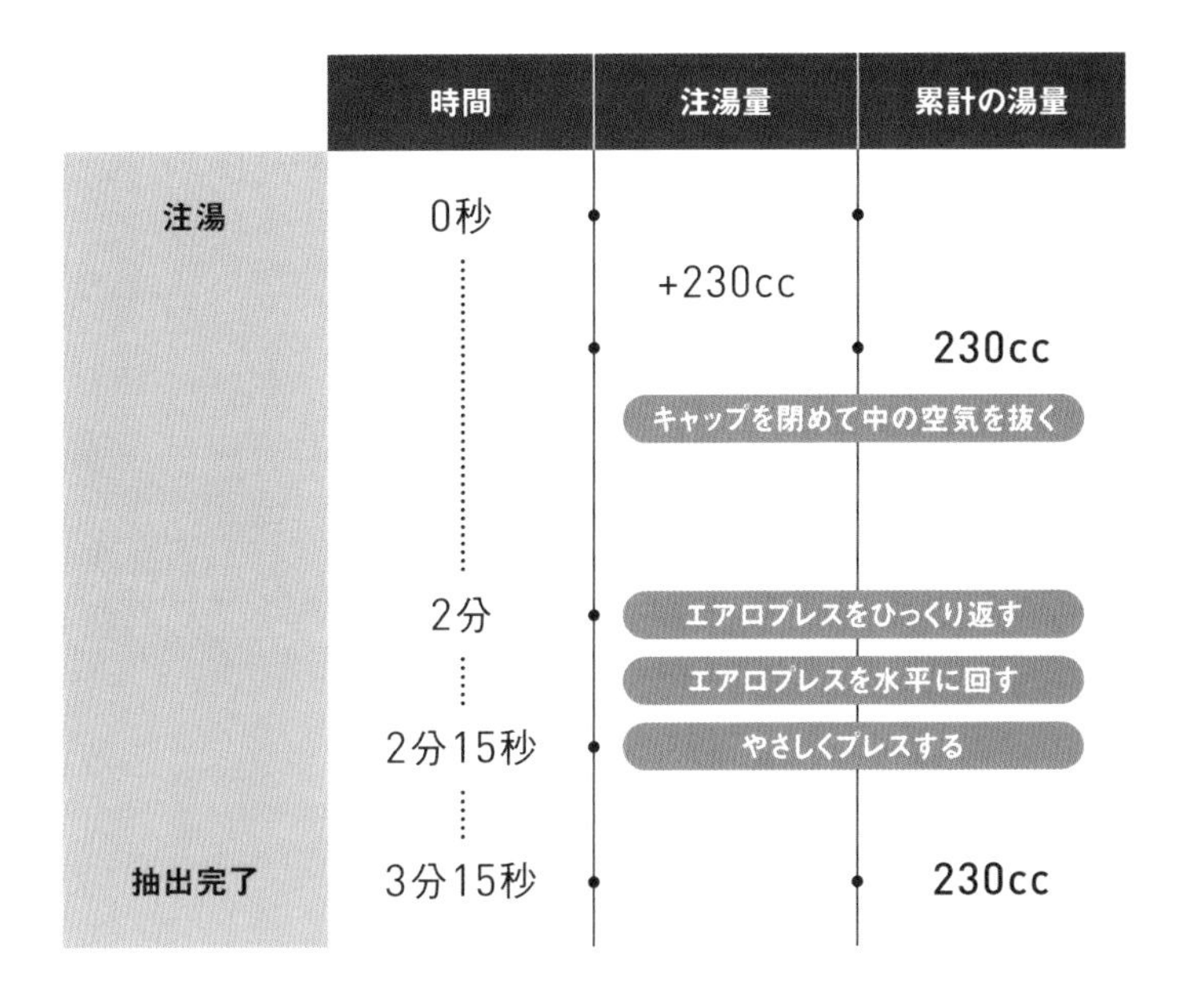

パドルを使って撹拌しないレシピです。注湯したら2分間浸漬します。プレスはあくまでやさしく行うのが重要です。強く押すと微粉がフィルターを通過したり、キャップの横から液漏れが発生したりします。

フィルターキャップに
ペーパーフィルターを
セットしたらグラスの
上に載せてリンスをし
て紙の匂いを取ります。

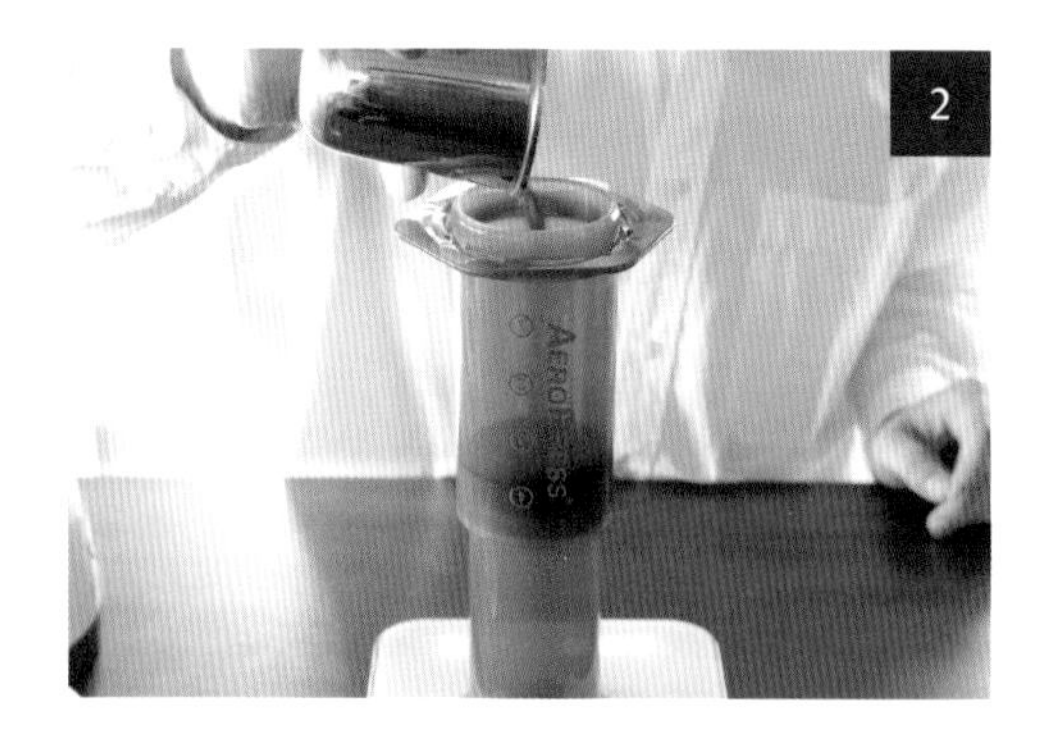

チャンバーの中にコー
ヒー粉を入れて、軽く
振って粉面を平らにし
ます。

プランジャーを4番の
目盛りにセットしたら、
230ccを注湯していき
ます。

ポットのお湯はそのままで、エアロプレスを回転させながら注湯すると、粉全体に均等にお湯が浸透しやすくなります。

チャンバーの上のほうまでお湯を注ぎます。キャンプなどでスケールがないときでもおおよその湯量がわかるので便利です。

お湯を注ぎ終えたらフィルターキャップをかぶせます。

エアロプレスを安定する場所に置いて、チャンバーを下に押さえながら中にある空気を抜きます。

2分0秒
経過

注ぎ始めてから2分経ったら、フィルターキャップの上にサーバーをかぶせます。

サーバーごとエアロプレスを一気にひっくり返します。

ひっくり返したら水平に3回ほど回転させて10秒置きます。

2分15秒でプレス開始です。プレスは勢いをつけずにやさしくゆっくりと行うのがポイント。強く押すと微粉が抜けてしまいます。

2分15秒
経過

下までプランジャーを押し切ります。だいたい1分くらいで完了するのが目安です。

エアロプレスを外して抽出完了です。非常にクリアなコーヒーが抽出されました。

抽出が成功か失敗かを見分ける方法があります。フィルターキャップを外して粉が残っているチャンバーを下に下げます。

下のほう(フィルターの反対側)に微粉が溜まっていれば抽出は成功です。微粉のないクリアなコーヒーが味わえます。

付録

チャンピオンのおすすめ器具

フジローヤル　R-220　みるっこ

「みるっこ」は、電動グラインダーの定番中の定番モデルです。グラインド臼(うす)とカット臼という二つのタイプの刃を選べますが、私は前者を使っています。10万円未満の電動グラインダーの中では比較的粒度が揃いやすく、豆を挽くスピードも早いので、家庭用としてはもとより小規模な店舗であれば業務用としても使用できると思います。

挽き目の調整は粒度調整ダイヤルで行います。私が使っているグラインド臼は、細かな突起状の刃で豆を挟み砕きますが、ネルドリップからペーパードリップ、サイフォンまで、幅広い抽出方法に対応することができます。みるっこで粉砕した粉の形はキューブ状で、業務用のEK43（61ページ参照）に比べると尖っている部分が少ない印象です。コーヒーのフレーバーも、EK43と比べると丸くてマイルドな感じに仕上がります。

シンプルな構造で堅牢性が高いのも魅力。ほかの電動グラインダーでは、故障の話を聞くこともありますが、みるっこに関しては「壊れた」という話をあまり聞いたことがありません。「コーヒー道」のお供として、ずっと寄り添ってくれる一台になると思います。

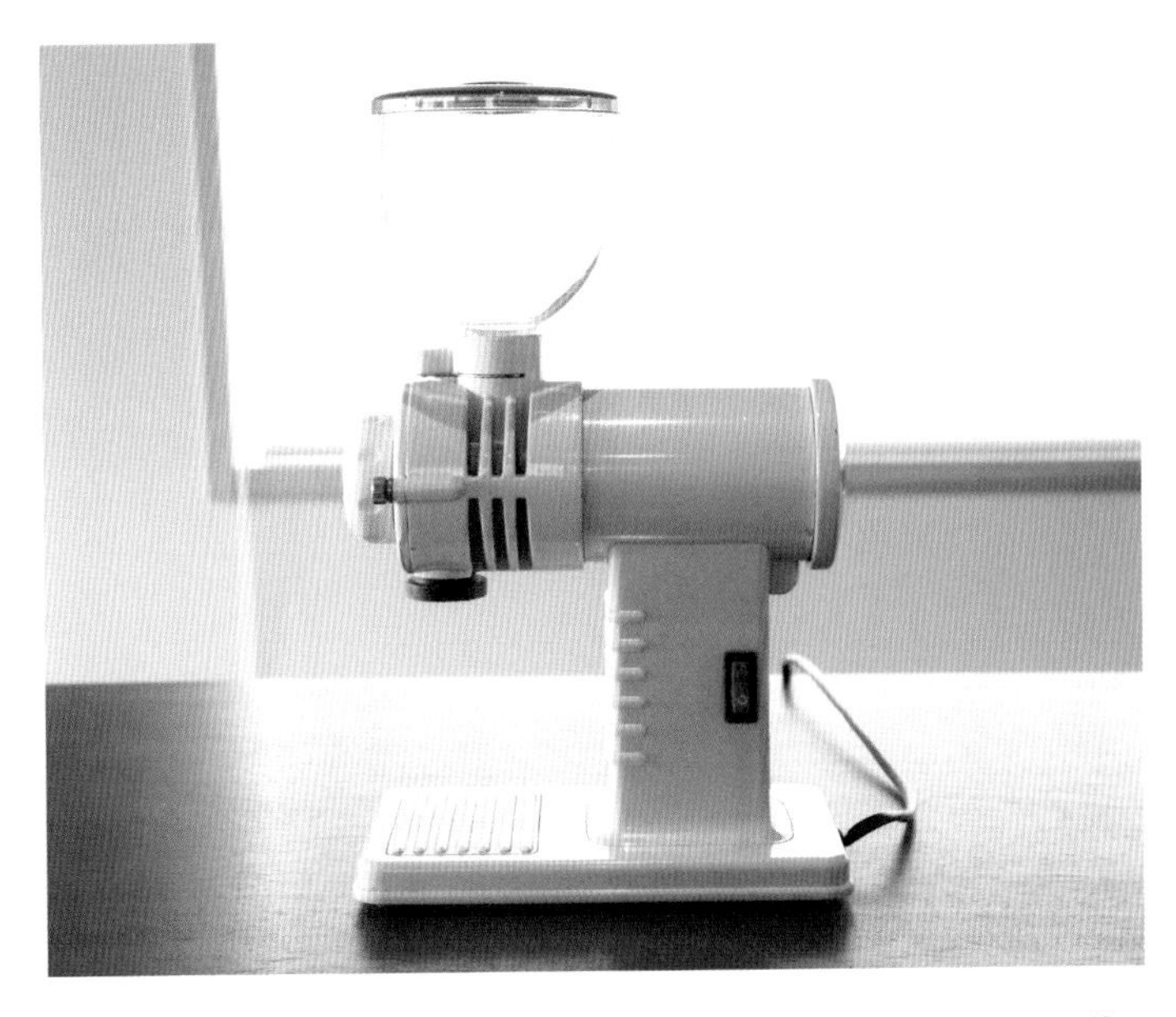

私が長年愛用している「みるっこ」。堅牢性が高く、故障も少ないので、使っていて安心感があります。

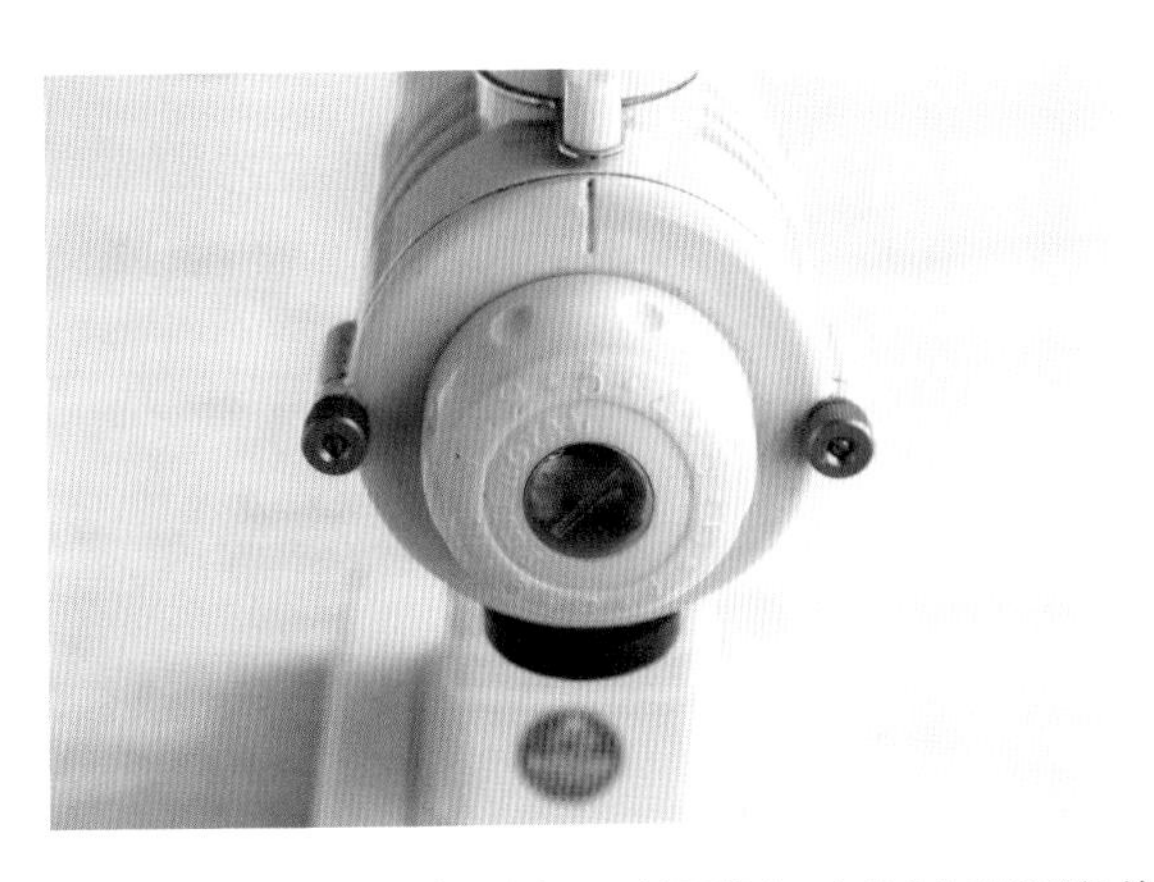

粒度調整ダイヤル。数字を小さくするほど細挽き、大きくするほど粗挽きになります。ペーパードリップの場合は3～6の範囲で調整します。

コマンダンテ C40／Kinu M47 Classic

コマンダンテ C40は、言わずと知れた手挽きミル（グラインダー）の最高峰です。豆の粉砕に使われるコニカル刃の性能の高さは、50万円クラスの業務用電動グラインダーに匹敵します。手挽きなので業務用として使うのは難しい面がありますが、家庭用であればコストパフォーマンスは抜群です。私が使っているのは少し前の世代のモデルですが、現行モデルは「MK4 NITRO BLADE」というモデルになります。

Kinu（キヌ）M47は、コマンダンテと並び称される手挽きグラインダーです。以前は大会で使うグラインダーは「みるっこ」にしていましたが、ここ最近はこのKinu M47を使うことが多くなっています。標準搭載のコニカル刃はエスプレッソ用ですが、プアオーバー（ハンドドリップ）用の替刃もオプションで用意されていて、私はこちらの刃を使っています。この刃は、豆を「切る」感覚で粉砕するので、酸とフレーバーが明確に感じられる明瞭度の高いコーヒーが淹れられます。挽き目の調整を、ハンドルの下にある目盛りで設定できるところも、わかりやすく使いやすいポイントです。

非常に硬く、長期間使用できる高窒素合金のコニカル刃を搭載する「コマンダンテ C40」。ハンドルの回し心地もスムーズです。

ソリッドで重厚感のある「Kinu　M47 Classic」。こちらもハンドルの回転は非常にスムーズ。粉受けの着脱はマグネット式になっています。

ボナヴィータ グースネック／CAFEC Tsubame Pro

ボナヴィータグースネックは、ＩＨ機能でお湯が沸かせるステンレスケトル。１℃単位で湯温を調整できるほか、60℃、80℃、85℃、88℃、96℃、98℃のプリセットも選べます。１ℓという容量もちょうどよく、ペーパーリンスをした後でも余裕を持って注湯ができる湯量です。注ぎ口の形も汎用性があり、お湯の太さを細くしたり太くしたりという調整もしやすくなっています。樹脂素材のハンドル（取っ手）が大きく、持ったときにステンレス部分に直接指が触れることがないのも安心感があります。ケトルの底部にも樹脂パーツが使われていて、ドリップのときに左手を添えることができます。

Tsubame Pro（ツバメプロ）は、新潟・燕市の職人技術によって、直径6ミリの極細口の注ぎ口を実現したドリップポットです。高品質のステンレスを使って、一つ一つ手作りしている一品です。練習はしてみたけれど、普通のドリップポットではどうしても細く注ぐことができないという人には、このポットをおすすめしています。私も、ネルドリップなどで、3～4分かけてゆっくり落としたいときにはこのポットを使います。

「ボナヴィータ グースネック」は60〜100℃の範囲で温度設定ができるIHケトル。設定した温度で1時間保温できる機能もあります。

「Tsubame Pro」は、ステンレス加工で有名な新潟・燕の職人技が光るドリップポット。超極細の注ぎ口で狙った場所に確実に注湯できます。

CAFEC トライタンコーヒーサーバー／Acaia Pearl

トライタンコーヒーサーバーは、新世代のポリエステル樹脂「トライタン」を使用したコーヒーサーバーです。高い耐久性と弾力性があり、軽くぶつけたり落としたりしたくらいでは割れません。力がかかるとしなって衝撃を分散させる性質があるので、エアロプレス用のサーバーとしても安心して使えます。ガラスサーバーのような透明度の高さもポイントで、抽出したコーヒーの色をきちんと見ることができます。コーヒーをカップに注いだときのキレがよく、液だれしにくいところも気に入っています。

Acaia Pearl（アカイアパール）は、私が店でも競技会でも使っているコーヒースケールです。コーヒードリップでは、コンマ数グラム、コンマ数秒のズレが抽出に大きな影響を与えます。それだけに、このモデルの正確さと反応の早さは頼りになります。100グラムのウエイト（分銅）がオプションで用意されていて、これを使ってキャリブレーション（偏りの修正）ができるのもポイント。スケールは緯度の影響で使う場所によって計測結果が微妙に変わりますが、使う前にきちんと修正ができるので、安心して抽出することができます。

弾力性があって割れにくく、透明度も高い「トライタンコーヒーサーバー」。液だれしにくい注ぎ口もおすすめのポイントです。

「Acaia Pearl」は、信頼性の高いコーヒースケール。ミラノで行われた世界大会にもこのモデルを携行しました。

KRUVE Sifter／サザコーヒー パウダーコントロールストッカー

KRUVE Sifter（クルーヴシフター）は、コーヒーの粉の粒度を揃えるための「ふるい」です。目の細かさの異なるメッシュフィルターが5枚付属しています。最大の特徴は、フィルターを上下2段にセットできるところ。上の段で大きい粉を、下の段で細かい粉を分離することで、真ん中に残る粉の粒度を揃えることができます。フィルターの精度の高さや振りやすい形状などにおいてほかに類を見ない器具で、競技会でも多くの参加者が使っています。粉砕前のコーヒー豆の大きさをそろえるためのビーンシフターも用意されています。

サザコーヒーのパウダーコントロールストッカーは、もうちょっとお手軽なコーヒー粉用のふるいです。ストッカースタイルで、ふたを閉めて両手でシェーカーのように振ることで、微粉を分離することができます。L（フルーティーメッシュ）、M（バランスメッシュ）、S（アロマメッシュ）という目の細かさが異なる3種類の網が付属しています。

私も長年愛用しており、2019年のジャパンブリュワーズカップで優勝したときは、このパウダーコントロールストッカーを使用しました。

粉の粒度を揃えるための道具として、随一の存在ともいえるKRUVE Sifter。さまざまなサイズのメッシュフィルターが選べます。

目の細かさが違う茶こしのような網が3個付属する「パウダーコントロールストッカー」。ふるいにかけた粉のストッカーとしても使えます。

著者 | **畠山大輝**（はたけやま だいき）
ハンドドリップ&ブリュワーズカップチャンピオン
コーヒー焙煎士、コーヒー抽出士、Bespoke Coffee Roastersオーナー

人材派遣会社での過酷な労働を経験したのちニートに。両親の影響でコーヒーを淹れて飲むようになり、2014年より焙煎所にアルバイトとして勤務。靴磨きなどの仕事もしながら焙煎機の購入資金を貯める。2017年、焙煎機を購入し、焙煎検証を始める。同年、アジア最大のスペシャルティコーヒーイベント・SCAJ2017においてJBrC（ジャパン ブリュワーズカップ）3位、JCTC（ジャパン カップテイスターズ チャンピオンシップ）2位、JHDC（ジャパン ハンドドリップ チャンピオンシップ）8位に入賞。翌々年、SCAJ2019におけるJBrCとJHDCの2大会で、史上初の同年度2冠の優勝を果たす。2020年、「畠山大輝のYouTubeチャンネル」開始。2021年、ブラックコーヒーの世界一を決める大会「World Brewers Cup2021 in Milan」にて準優勝。オープンサービスで提供したブレンドコーヒーは世界最高得点を獲得した。以降、各地でセミナーやトレーニングを行うほか、コーヒーの楽しみ方を拡げるべく、料理やスイーツ、お茶など、異業種とのコラボも強化中。2023年には地元・埼玉県春日部市のとなりの宮代町に焙煎所「Bespoke Coffee Roasters」を開業。企業や団体に属さない孤高のチャンピオンとしてさらなる飛躍が期待される。本書は初の著書となる。

YouTube
https://www.youtube.com/@hatakeyamadaiki4917
Instagram
daiki_hatakeyama_coffee
HP
http://bespokecoffeeroasters.com/

至高のコーヒーの淹れ方
人生で最高の一杯をあなたに

2023年9月27日　初版第一刷発行

著　者　畠山大輝
発行者　澤井聖一
発行所　株式会社エクスナレッジ
〒106-0032
東京都港区六本木7-2-26
https://www.xknowledge.co.jp/

問い合わせ先
編集　**Tel** 03-3403-6796
Fax 03-3403-0582
info@xknowledge.co.jp
販売　**Tel** 03-3403-1321
Fax 03-3403-1829